ゼロから教えて

電話応対

㈱M'sコミュニケーション代表取締役

大部美知子 著

Michiko Obu

かんき出版

はじめに

あなたがこの本を手にとられた理由はなんでしょうか？
「新人で電話応対が苦手」
「一応自分なりにできるようになったけれど、これでいいのか自信がない」
「後輩の指導をするためにもう一度基本を確認したい」
人によって理由はさまざまと思います。

私が企業で新人研修を担当していると、電話応対が一番苦手とよく言われます。でも、休憩中の携帯電話での会話は楽しそうです。
同じ人が企業での電話になると、思うように対応できないというのは、電話でのコミュニケーションが苦手なのではなく、ビジネスの場合にどのように対応すればよいのか、敬語を含めた言葉づかいや対応法がよくわからないということではないでしょうか。
その疑問を解消するためのヒントを、この一冊にまとめました。

私自身の社会人としてのスタートは、航空会社の客室乗務員でした。電話応対とは関係のない仕事と思っていたら、入社直後は電話応対で大変苦労しました。

というのも、当時は乗務員としての訓練を受ける前に、全国の空港や市内支店での半年間の地上業務研修があったのです。その際の私の配属先が、福岡支店の国内予約課で飛行機の電話予約を受ける仕事でした。

乗務員として入社したつもりでしたから電話応対についての知識がまったくなく、お客さまの連絡先を聞くのを忘れて電話を切ってしまったり、お客さまの苦情にどう対応していいかわからず、ますますお客さまの気分を害してしまったり、英語の電話に動揺してしまった緊張感を、今も覚えています。

当時の経験は、客室乗務員時代の機内アナウンスや機内電話で乗務員間の連絡をするたびに役に立ちました。また、ビジネスマナーの講師となってからは、頭ではわかっていても、思うように対応できない受講生の気持ちを理解することに活かされていると感じます。

本書は、電話応対に苦手意識をもっている人にも気軽に読んでいただけるよう、電話応対の一番大切な部分を厳選し、イラストをたくさん使ってわかりやすくまとめました。

電話の基本のマナー、敬語の使い方、電話の受け方・かけ方の会話文からクレーム対応まで、一冊で幅広いシーンに活用できます。

困ったときに、何度も開いてマスターしていただければ幸いです。

ビジネスにおいて、電話応対をしっかりこなせることは、大きな武器になります。

ぜひあなたも、電話応対の達人を目指しましょう！

大部　美知子

ゼロから教えて電話応対　もくじ

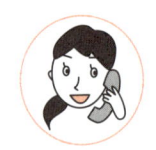

PART 2
電話応対の敬語と言葉づかい

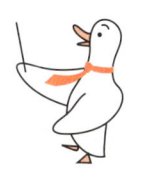

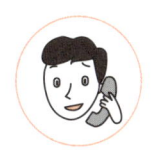

PART 4
かけ方の基本

PART 5
電話の受け方 ～応用編～

PART 7
クレーム電話への応対

カバーデザイン◆重原隆
イラスト・本文デザイン◆石山沙蘭

PART 1

電話応対の基本

1 電話応対とメールの違い

会社の業務として、とても大切な電話応対の仕事。最近はメールで連絡をとり合うことが多くなってきましたが、電話応対ならではのよさはどこにあるのでしょうか？　メールと電話、それぞれの違いを見てみましょう。

メールの特徴

相手を拘束しない（都合のいいときに見て都合のいいときに返事できる）

情報を同時に複数人に伝達できる（CC BCC）

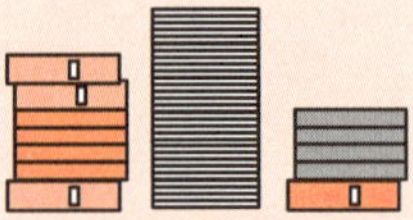

情報量が多くてもOK

添付資料をつけることができる

履歴が残るため、情報漏れが防げる

電話の特徴

相手の感情を
把握できる

すぐに回答が
得られる

ＰＣがなくても
通信できる

メールを書くなどの
準備時間が不要

その場で
相手に確認できる

2 電話応対はなぜ難しいか

電話でのやりとりは苦手という人が増えています。それはなぜでしょうか？

アメリカの心理学者アルバート・メラビアンは、人が自分の思いを伝えようとするとき、聴き手は話し手のどの部分に影響されるかという実験をしました。その結果、次のような数値が出ました。

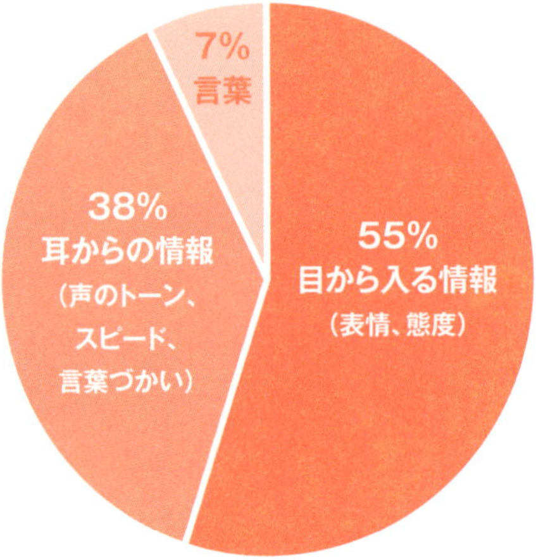
7%
言葉
38%
耳からの情報
（声のトーン、
スピード、
言葉づかい）
55%
目から入る情報
（表情、態度）

これを、「メラビアンの法則」といいます。

つまり、電話応対の場合は、耳からの情報だけでコミュニケーションをとっているため、45%（7%の言葉と38%の耳からの情報）の部分だけで判断されてしまうということです。

そのため、言葉づかいや声のトーンなどに、細心の注意をはらう必要があるのです。

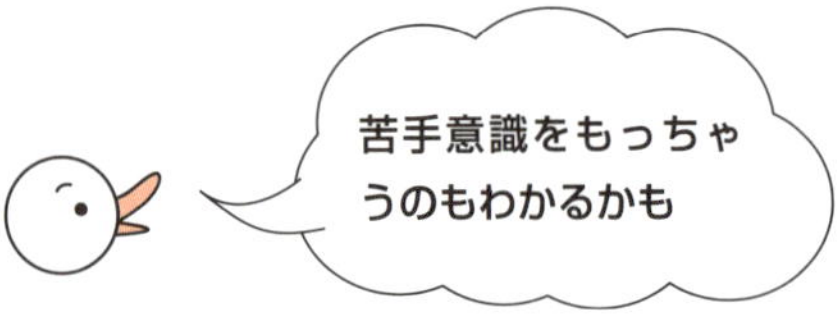
苦手意識をもっちゃ
うのもわかるかも

そのほかにも、電話応対には、次のような特徴があります。

とっさの対応が必要

→丁寧な言葉づかいを
　マスターしている必要がある
→業務知識が必要なことが多い

会社の印象を左右する

→会社の代表として
　出ることになるため、責任が大きい
→新人であってもやりがいのある
　仕事（工夫次第で印象アップ）

3 電話応対の特徴と注意点

電話応対だからこそ、大切にしたい注意点は何でしょうか？

６つの特徴と、相手に好印象を与えるコツを順に見ていきましょう。

1 声のみのコミュニケーション

声だけで印象を判断されるため、好感度と正確性が必要です。

好感度＆正確性アップのコツ

①笑顔

②発声をはっきり

③リズムをつけて話す（語尾をのばさない、抑揚をつける）

2 コミュニケーションが一方的

かけ手には受け手の状況がわからないため、かけ手は、
相手の時間や状況を考える必要があります。

相手を気づかうコツ

①休日明けの朝、始業前後、終業前後
　お昼休み中にかける
②気づかいを伝えるひと言を忘れない
　「いま５分ほどよろしいですか？」

3 記録に残らない

やりとりを忘れないために、
意識して記録をとる必要があります。

やりとりを確実にするコツ

①メモに残す
②復唱する

4 周囲の音を拾ってしまう

電話は４メートル四方の音をキャッチするといわれています。

お待たせ時と苦情電話を受けるときのポイント

①お待たせするときは、保留ボタンをかならず押す

②苦情電話を受ける際は、周囲の人は会話を控える

5 コストがかかる

電話には、受け手側にもかけ手側にも、時間と人件費がかかります。

ムダなく応対するポイント

① 5W2H（When,Where,What,Who,Why,How,How many/much）を確認して、二度手間にならないようにかける

② かけ手の注意事項：もれなく準備

③ 受け手の注意事項：メモをとって記録

④ 離席するときは行き先と戻る時間を告げておく

6 即時性

電話ではすぐに回答を得られるため、
急ぎの連絡が多いのが特徴です。

電話を受けるときの注意点

①回答を待たせると相手に不信感を与える

②すぐに返答できるように

先輩はまわりに
見られていることを
忘れずに

新人さんは
基本をしっかり
押さえよう

4 電話応対こそボディランゲージを意識

相手に姿が見えない電話応対こそ、ボディランゲージや表情が大切です。表情豊かにすることで、声も変わりますし、丁寧さが声に乗って相手に届きます。

また、あなたが電話応対している姿は、まわりの人にも見られているのを忘れずに。

姿勢

×前かがみ　×受話器を（肩と顎で）はさむ
×足を組む　×顎を下げる（声がこもる）
×顎を上げる（横柄な態度になる）

背筋を伸ばして
声の通りをよくする

左手で持って対応

口と受話器の距離を保つと
声も明るく、明瞭になる

両足を床につけて、
姿勢をまっすぐ

身だしなみを整えると意識が変わる

姿の見えない電話応対であっても、身だしなみは整えたほうがよいでしょう。
きちんとした服装にすることで、対応もきちんとしてくるからです。

5 電話応対 話し方のポイント

声や話し方がとても大切な電話応対だからこそ、話し方で意識するべきことがあります。

ここでは５つのポイントをおさえましょう。

耳だけの情報のため、滑舌をしっかり

お待たせしないように（すばやく）対応

簡潔に

結論から先に話す
文章を短く

明瞭に

明るく笑顔で

丁寧に

相手に対する心づかい
を大切に

6 名乗りの第一印象は大切

電話応対の第一印象は「名乗り」で決まります。
名乗るときならではのポイントを確認しましょう。

名乗りの５つのポイント

1 山型のイントネーション

大切な情報が正確に明快に伝わる
（○○社の〇〇でございます）

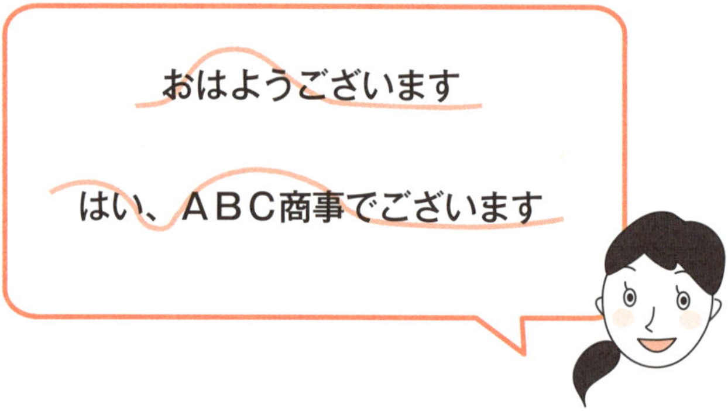

言葉を正確で明快に伝えるには、文の一番大切な部分を頂点に、逆にはじめと終わりのトーンは下げ、全体が山型のイントネーションになるように発音します。
「おはようございます」の場合は、ドレミで言うと「お」が「ド」なら「は」は「ミ」くらいのイメージです。
「はい」の「は」と「ＡＢＣ」の部分のトーンが高くなります。
このとき、口を縦に指が２～３本入るくらい開けて明快に発音しましょう。

② 語尾をのばさない

幼い印象、信頼性がなくなる
必要なことがわかりにくくなる（語尾だけが強調されるため）

③ 挨拶言葉では頭を下げる

「ありがとうございます」「お世話になっております」の挨拶時には頭を下げると、声に気持ちが乗る、伝わりやすくなる

④ 褒められたときなどのお礼を言うときは眉をあげる

自然と声のトーンが上がる

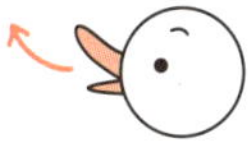

⑤ クレーム対応時は眉を下げながら聴く

自然と声のトーンが下がる

机の前に鏡を置くと、
自然に表情が
豊かになるよ

人は１日で、７割の情報を忘れてしまう

人の記憶についてのわかりやすい例として「エビングハウスの忘却曲線」という説があります。

忘却曲線とは、記憶のなかでもとくに中期記憶（長期記憶）の忘却を表す曲線で、心理学者のヘルマン・エビングハウスが提唱したものです。

エビングハウスは、自ら「子音・母音・子音」から成り立つ無意味な音節（rit, pek, tas, ...etc）を記憶し、その再生率を調べて、忘却曲線を導きました。その実験結果は、次の通りでした。

20 分後には、42% を忘却し、58% を覚えていた。
1 時間後には、56% を忘却し、44% を覚えていた。
1 日後には、74% を忘却し、26% を覚えていた。
1 週間後には、77% を忘却し、23% を覚えていた。
1 か月後には、79% を忘却し、21% を覚えていた。

つまり人は、1 時間後には半分以上のことを忘れ、1 日後には 7 割以上を忘れ、1 か月後には 8 割の情報を忘れてしまうのです。

耳だけでやりとりをする電話応対では、いかにメモ（記録）をとることが大切か、想像できますね。

人は忘れる生きもの。
電話のとなりにはかならずメモを置きましょう

PART 2

電話応対の敬語と言葉づかい

1 マスターすれば敬語は武器になる

声と言葉だけのコミュニケーションで成り立つ電話応対では、敬語や言葉づかいがとても大切です。基本さえおさえておけば、こわくありません。尊敬語・謙譲語・丁寧語の違いから見ていきましょう。

敬語の役割

1. 相手と自分との位置関係を明確にする
2. 相手に敬意を表す

自分と相手の 立場によって、使う言葉は変わる

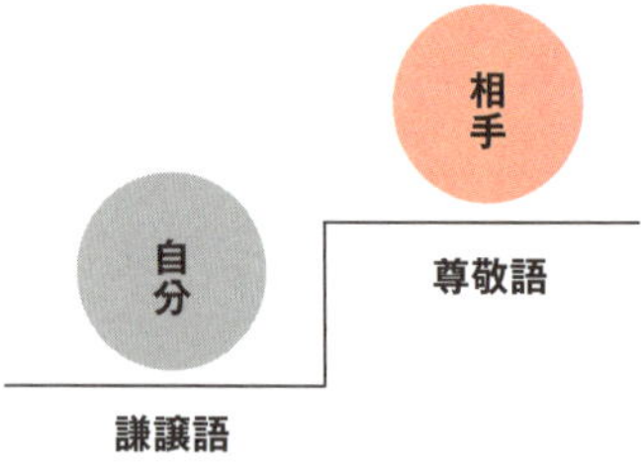

自分に対して使い、自分をへりくだるときには謙譲語、相手に対して使い、相手への敬意を表すときには尊敬語で表現する

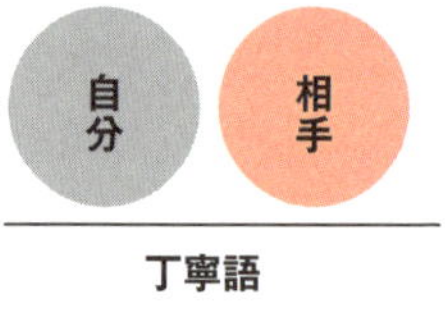

丁寧語は立場に関係なく使う

尊敬語・謙譲語・丁寧語・美化語

尊敬語　相手や相手側の人、または第三者に敬意を表す（相手を立てる）

行為	言い換え型	いる→いらっしゃる 話す→おっしゃる
行為	れる、られる お、ご ＋ になる、なさる	話される お話しになる
物事	お名前･ご住所	
状態	お忙しい･ご立派	

謙譲語　自分をへりくだることによって、相手への尊敬を表す

行為	言い換え型	行く→伺う
行為	付け足し型 （お、ご ＋ する、いたす）	案内する→ご案内する ご案内いたす
物事	弊社、拙著	

丁寧語　自分の言い方を丁寧にして、相手への敬意を表す

行為	（です、ます、ございます）	こちらです→こちらでございます 見る→見ます

美化語　言葉自体を丁寧にする

物・状態	言い換え型	水→お冷や、うまい→おいしい、 飯→ご飯、便所→お手洗い
物・状態	付け足し型	店→お店、茶→お茶、 祝い→お祝い、本→ご本

現在、敬語は丁重語（謙譲語をさらに分割）を入れた5分類に分けることもあります。
詳しく知りたい場合は文化庁の国語審議会のホームページで「敬語の指針」をご覧ください。

尊敬語・謙譲語の使い方は状況で変わる

① わたしが斉藤部長と話す場合

●斉藤部長のことを話す

尊敬語

斉藤部長がおっしゃったように

●自分のことを話す

謙譲語

わたくしが先日申し上げましたように

② わたしが他社の田口さんと話す場合

●田口さんのことを話す

尊敬語

田口さんがおっしゃったように

●斉藤部長のことを話す

謙譲語

部長の斉藤が先日申し上げましたように

他社の田口さんと話す場合、斉藤部長は自分の側の人になる
田口さんに対しては尊敬語、斉藤部長と自分のことは謙譲語で話す

尊敬語・謙譲語への変換表

尊敬語		謙譲語
おっしゃる　言われる	**言う**	申す、申し上げる
お聞きになる	**聞く**	拝聴する、伺う、承る
なさる	**する**	いたす
いらっしゃる	**いる**	おる
ご覧になる	**見る**	拝見する
お見せになる、見せられる	**見せる**	お目にかける、ご覧に入れる
いらっしゃる、おいでになる	**行く**	参る　伺う
お見えになる、お越しになる	**来る**	参る
お会いになる、会われる	**会う**	お目にかかる、お会いする
召し上がる、お食べになる	**食べる**	いただく
お尋ねになる	**尋ねる**	伺う、お尋ねする、お聞きする
ご存じである	**知っている**	存じている
くださる	**与える**	さしあげる
お受け取りになる	**もらう**	いただく　頂戴する

丁寧語への変換表

普段の言い回し	丁寧語
わたし	**わたくし**
わたしたち	**わたくしども**
相手の会社	**御社、○○（社名）様**
自分の会社	**弊社、当社**
あっち、こっち	**あちら、こちら**
今日	**本日**
明日（あす）	**明日（みょうにち）**
昨日（きのう）	**昨日（さくじつ）**
この前	**先日（せんじつ）**
すぐ	**さっそく**
今	**ただ今**
ちょっと	**少々**
一応	**念のため**
じゃあ	**では**
さっき	**先ほど**
あとで	**後ほど**

謙譲語と尊敬語に迷ったら

あなたの会社の部長に電話がかかってきたとき、相手が他社の人の場合は「○○は外出しております」と謙譲語で答えます。

反対に、部長の家族からの電話の場合は「○○部長はただ今外出されています」と尊敬語で答えます。
はじめのうちは少しややこしいですね。
そこで、尊敬語と謙譲語のどちらを使えばいいか、すぐにわかるコツをお伝えしましょう。

「○○部長はいらっしゃいますか？」と尊敬語で聞かれたときには「おりません」と謙譲語で返す、「○○はおりますでしょうか？」と謙譲語で聞かれたら、「いらっしゃいません」と尊敬語で答える、と覚えてください。

尊敬語には謙譲語で、謙譲語には尊敬語で答える。
このルールを知っておくだけで、慣れない敬語の使い分けも、少しすっきりしてきませんか？

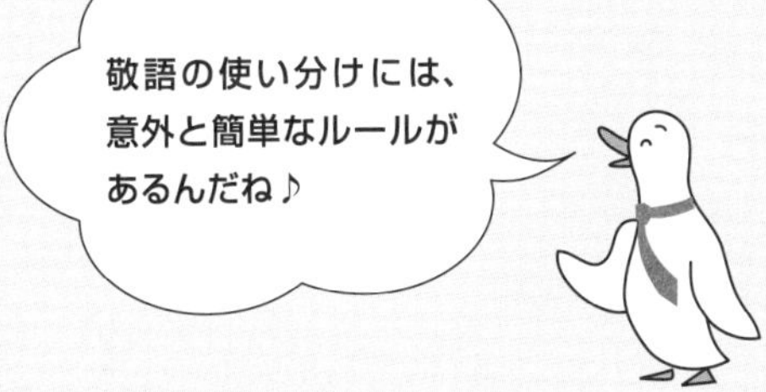
敬語の使い分けには、
意外と簡単なルールが
あるんだね♪

尊敬語と謙譲語の使い分け

相手のことを話す（尊敬語を使う）

NG表現	ふさわしい表現
誰ですか?	失礼ですが、どちら様でいらっしゃいますか?
今日、会社におられますか?	本日、会社にいらっしゃいますか?
○○様でございますね	○○様でいらっしゃいますね
○○様のおっしゃられるとおりです	○○様のおっしゃるとおりです
ちょっとお待ちください	恐れ入りますが、少々お待ちくださいますか?
AとB、どちらにいたしますか?	AとB、どちらになさいますか?
これでどうですか?	こちらでいかがでしょうか?
メールは見てもらえましたか?	メールはご覧になりましたか?
もう一度教えてもらってもいいですか?	申し訳ございませんが、もう一度教えていただけませんか?
今、なんと申されましたか?	失礼ですが、今何とおっしゃいましたか?

自分のことを話す（謙譲語を使う）

NG表現	ふさわしい表現
うちの田中課長が～	わたくしどもの（課長の）田中が～
すみません	申し訳ございません
お名前のほう、 頂戴してもよろしかったでしょうか？	失礼ですが、 お名前をお伺いできますか？
携帯は、○○になります	携帯の番号は、○○でございます
そうお伝えさせていただきます	そのように申し伝えます
はい、わかりました	はい、承知いたしました
うちの会社	わたくしども、わたしどもの会社
席にいません	席をはずしております
申し上げておきます	申し伝えます
今、見てきます	ただいま、確認してまいります

2 相手別 敬語の使い分け

敬語は、社外、社内、社内の人のご家族に対して、それぞれ使い方が変わります。例をあげて説明します。

	対 お客様（社外）	対 社内	対 ご家族
呼び方	安藤 部長の安藤	安藤部長 安藤さん	安藤部長
使う敬語	謙譲語 「安藤は、ただいま席をはずしております」	尊敬語 「安藤部長は、ただいま席をはずしていらっしゃいます」	尊敬語 「安藤部長は、ただいま席をはずしていらっしゃいます」

社外への電話

こちらが出向く場合

「明日、午後２時にわたくしどもの木村が伺いますと、安藤部長にお伝えください」

こちらが迎える場合

明日の午後２時に御社の木村様がいらっしゃる旨、安藤に申し伝えます

家からの電話

木村の家の者です。お忙しいところ恐れ入りますが、木村はおりますでしょうか？

木村課長のご家族でいらっしゃいますね、いつもお世話になっております。ただいま木村課長は、電話中です。終わり次第お電話をなさるようお伝えいたしましょうか？

社内への電話

お疲れさまです。田中です。加藤課長はいらっしゃいますか？　胃が痛むので、病院へ寄ってから出社したいのですが。よろしいでしょうか？ 13時には出社いたします。

1

2

お疲れさまです。田中です。先ほど、A社へのプレゼンは無事終了いたしました。今週中に正式なお返事をいただけるということでした。この後何かご用はございますか？　ないようでしたら、このまま退社させていただいてもよろしいでしょうか？

社外の人に社内の人の
話をするときは
謙譲語を使おう

3 好感をもたれる言葉づかい

お願いをするとき、お断りをするときには、言葉をやわらかくすると、相手からの好感を失わずに、こちらの思いを伝えられます。ここでは、そのためにとても効果的な3つのポイントをご紹介します。

3つのポイント

ポイント1 依頼形を使う

「～してください」という表現がよく使われますが、急いでいるときや笑顔がないと、命令しているような冷たい印象を与えてしまうことがあります。依頼形にすることで、相手への気づかいの気持ちを伝え、印象をやわらげることができます。「お願いします」より、「～？」形にしたほうが語尾が上がり、より優しい表現になります。

依頼形

しなさい

↓

してください

↓

～していただけますか？

↓

～していただけませんか？

↓

～していただけますでしょうか？

↓

～していただけませんでしょうか？

ポイント2 断るときは「肯定形＋代案を添える」

お断りするときも、表現をやわらかくするため、なるべく否定表現は避け、肯定形で伝えましょう。肯定表現が難しい場合でも、代案はかならず添えるようにしましょう。

否定表現	肯定表現
できません	いたしかねます
わかりません	わかりかねます
ありません	切らしております
いません	席をはずしております
禁止です	ご遠慮いただいております お控えいただいております
空きはありません	すでに予約で一杯になっております

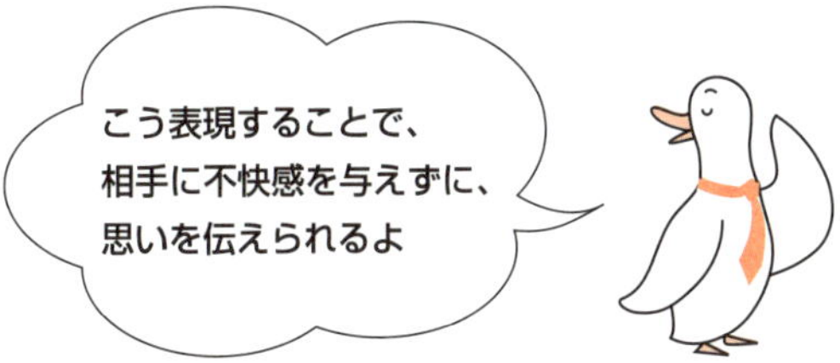
こう表現することで、
相手に不快感を与えずに、
思いを伝えられるよ

ポイント3　お願い、断りではクッション言葉を添える

依頼するときや相手の要望を断るときなどに、クッション言葉を添えることで、相手に与えるショックをやわらげることができます。

クッション言葉	こんなときに使う！
申し訳ございませんが 恐れ入りますが	すべてのケースに使える一般的な表現
失礼ですが	名前や電話番号など、相手の個人情報を尋ねる場合
お手数ですが	電話や手紙など手を使うことを依頼する場合
ご足労をおかけしますが ご足労ですが	再来社の依頼など、足を使うことを依頼する場合
よろしければ おさしつかえなければ	相手の許可を求める表現
お急ぎのところ恐縮ですが	お待たせすることへの気づかいを伝える
申し上げにくいのですが	相手の希望に応えられないことを伝える場合
勝手ながら	こちらの都合の内容を伝える
お言葉を返すようですが	反論する場合

例

少々お待ちいただけますか？	申し訳ございませんが、少々お待ちいただけますか？
お電話番号をお願いできますか？	恐れ入りますが、お電話番号をお願いできますか？
ただいま、席をはずしております。戻り次第、ご連絡をさしあげましょうか？	申し訳ございません。あいにく○○はただいま席をはずしております。戻り次第ご連絡をさしあげましょうか？
もう一度、ご連絡いただけますでしょうか？	お手数ですが、もう一度ご連絡いただけますでしょうか？

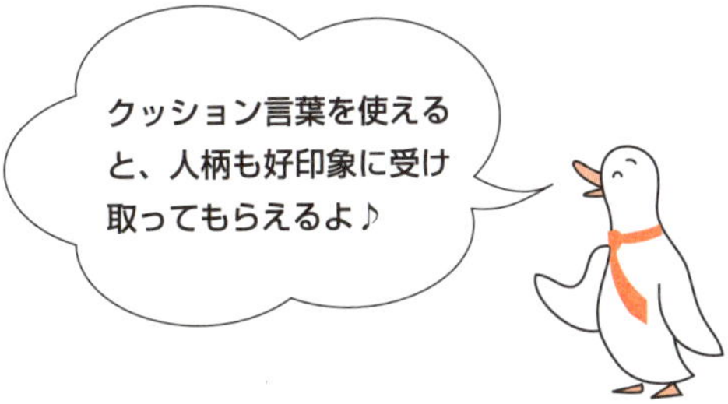
クッション言葉を使えると、人柄も好印象に受け取ってもらえるよ♪

4 会話が続くあいづちの言葉

電話応対は、顔が見えない分、話を聴いていることを言葉で伝える必要があります。とくにクレーム対応時には、あいづちを言葉で表し、聴いている態度を、相手に示すことが大切です。

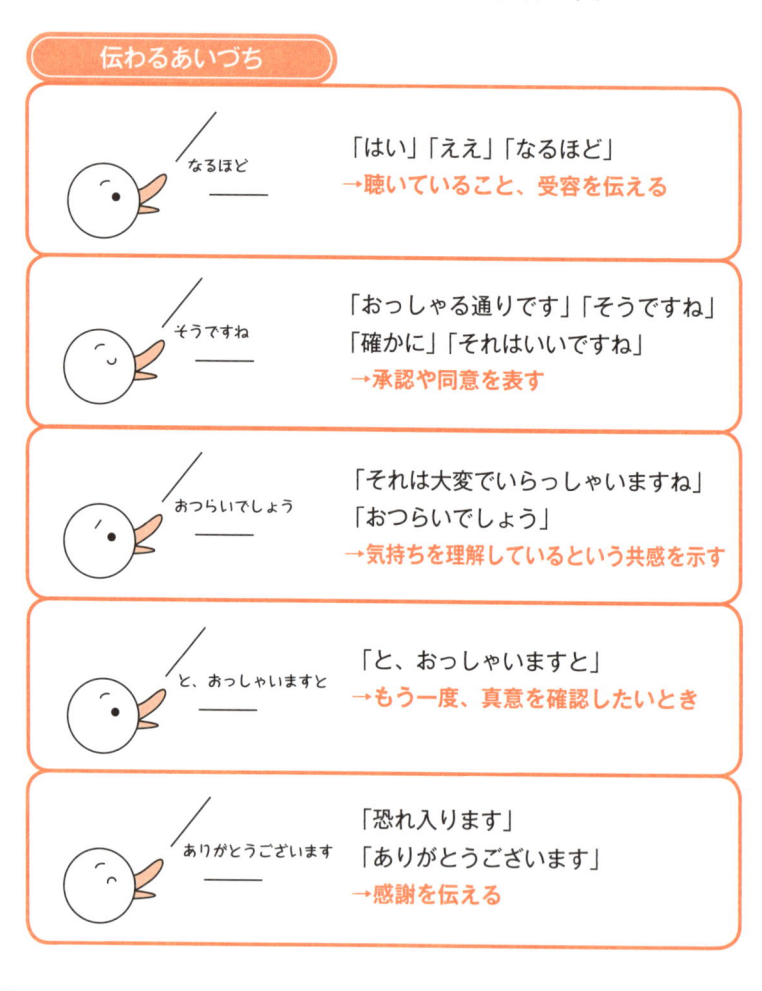

伝わるあいづち

「はい」「ええ」「なるほど」
→聴いていること、受容を伝える

「おっしゃる通りです」「そうですね」
「確かに」「それはいいですね」
→承認や同意を表す

「それは大変でいらっしゃいますね」
「おつらいでしょう」
→気持ちを理解しているという共感を示す

「と、おっしゃいますと」
→もう一度、真意を確認したいとき

「恐れ入ります」
「ありがとうございます」
→感謝を伝える

してはいけないあいづち

・・・

無言

はいはい

「はいはい」同じ言葉を繰り返す

えっ、本当にそうですか？

「えっ、本当にそうですか？」
「違うと思いますよ」否定の言葉

無言や否定を繰り返しているると、相手が不快になってしまうので気をつけよう

5 誤った言葉づかい

敬語や丁寧語だと思って何気なく使っている言葉が、じつは誤った言葉づかいだったということはよくあります。ここでは、代表的なものをご紹介します。あなたにも、心あたりがありませんか？

間違い言葉

①「ら」ぬき言葉

× 食べれる	○ 食べられる

②「さ」入れ言葉

× 読まさせていただく	○ 読ませていただく

③「レ」足す言葉

× 行けれる	○ 行ける
× 食べれる	○ 食べる

④ 二重敬語

× おっしゃられる	○ おっしゃる

⑤ マニュアル敬語

✕ ～のほう、よろしかったでしょうか？	○ ～はよろしいでしょうか？
✕ ～になります	○ ～です ～でございます

⑥ 若者言葉

✕ マジっすか？	○ そうなんですか？ 本当ですか？
✕ ちょーやばい	○ 困りました すばらしい
✕ じゃないですか？	○ ～ですよね
✕ やっぱ	○ やはり
✕ ○○的には	○ ○○としては
✕ みたいな	○ ～のような
✕ だったりして	○ かもしれません
✕ すいません	○ 申し訳ございません

正しい敬語表現に直そう

×誤った言い方×	○正しい言い方○
△△社です	はい。△△社でございます
湯沢課長様はお見えになられますか?	恐れ入りますが、湯沢課長(課長の湯沢様)はいらっしゃいますか?
そちら様は誰ですか?	失礼ですが、どちら様でいらっしゃいますか?
すみません。■■会社の池田です	失礼いたしました。■■会社の池田と申します
ああ、いつもどうも	■■会社の池田様でいらっしゃいますね。いつもお世話になっております
湯沢課長は、今会議に出ていらっしゃいますけど…	申し訳ございません。ただいま、湯沢は席をはずしておりますが、お急ぎでいらっしゃいますか?
そうでもないんだけど、何時に戻られるか、お聞きしてもよろしかったでしょうか?	緊急というわけではないのですが、何時頃お戻りの予定か、お伺いできますか?

×誤った言い方×	○正しい言い方○
ちょっと、私ではわからないんですけど	申し訳ございませんが、私ではわかりかねます。確認いたしますので、このまま少々お待ちいただけますか?
それでは、帰られたら連絡をもらえますか?	それでは、席に戻られたら、ご連絡をいただけますか?
ええ、いいですよ。お電話番号のほう、頂戴してもいいですか?	はい、かしこまりました。念のため、お電話番号をお聞かせいただけますか?
00の345の1234になります	それでは申し上げます。00の345の1234でございます
わかりました。帰ったら言っておきます	承知いたしました。わたくし園田と申します。湯沢が戻りましたら、申し伝えます
じゃ、よろしく	お手数をおかけしますが、どうぞよろしくお願いいたします
じゃ、失礼しま~す	それでは、失礼いたします

状況別言葉づかい一覧表

質問

✕ 何の用ですか?	○ 失礼ですが、どのようなご用件でしょうか?
✕ どこにかけたいの?（間違い電話）	○ 恐れ入りますが、どちらにおかけでしょうか?
✕ 下の名前は何ですか?	○ 失礼ですが、お名前をフルネームでお伺いできますか?
✕ 10日の3時はあいていますか	○ さっそくですが、10日3時のご都合はいかがでしょうか?
✕ わからない点はありますか	○ 何か、ご不明な点はございませんか?

回答

✕ わかりません	○ 申し訳ございませんが、こちらではわかりかねます
✕ ありません 扱っていません	○ あいにく、切らしております 残念ながらお取り扱いがございません
✕ わかりました。すぐに送ります	○ 承知しました。さっそくお送りいたします
✕ 急には無理です	○ 申し訳ございませんが、急には対応いたしかねます
✕ 上に聞かないと	○ 申し訳ございませんが、責任者に確認いたしますので、少々お待ちいただけますか?

依頼

✕ すみませんが、このまま待ってください	○ 申し訳ございませんが、このままもう少々お待ちいただけますか?
✕ 連絡してください	○ お手数ですが、ご連絡をいただけますでしょうか?
✕ もう一度言ってもらっていいですか?	○ 恐れ入りますが、もう一度おっしゃっていただけますか?

✕ 来てもらってもよろしかったでしょうか?	○ ご足労ですが、こちらにお越しいただけますか?
✕ 今、ちょっといいですか?	○ お忙しいところ恐れ入りますが、今5分ほどお時間をいただけますか?

その他

✕ 今、席にいませんけど	○ 申し訳ございませんが、ただいま席をはずしております。お急ぎですか?
✕ ○○は今日お休みを頂戴しておりますが…	○ 申し訳ございませんが、○○は本日休んでおります。
✕ 取説に書いてあるように～	○ 取り扱い説明書にございますように～
✕ 知っていると思いますが	○ ご存じの通り、 ご存じとは思いますが
✕ 言っておきます	○ 申し伝えます

誤った敬語

✕ お客様がそうおっしゃられていました	○ お客様がそのようにおっしゃいました
✕ ご案内は届いていらっしゃいますか	○ ご案内は届いておりますでしょうか?
✕ うちの課長がそう申されていました	○ 私どもの課長がそのように申しております
✕ 奥様でいらっしゃいますか? 田中は外出しています	○ 奥様でいらっしゃいますか? 田中さんは外出していらっしゃいます
✕ 今、うちの鈴木課長が説明されましたように～	○ ただいま、私どもの鈴木が説明いたしましたように

※「いらっしゃる」は対人に対して使用する

6 聴きとりやすい声になる 発声&滑舌トレーニング

最近の特徴として、呼吸が浅く、口を小さく開けて話す人が、多く見受けられます。

電話応対は声が命ですから、腹式呼吸や発声の仕方を意識して、整えていきましょう。

1. 腹式呼吸のトレーニング

聴きとりやすい声を出すには、腹式呼吸が効果的です。

① 背筋を伸ばす

② ゆっくり息を吐き、吐き終わるあたりで少しとめる

③ 腹がふくらむよう息をゆっくり吸っていき、十分吸ったら少しとめる

④ これを10回くり返す

5 息を吸うとき、肩が上がらないよう気をつける

2．息だけの発声トレーニング

電話口では、呼吸の音が入り込みやすくなります。
息の吸い方、吐き方も練習してみましょう。

1 息を吸ったら、息だけで「ハッ、ハッ、ハッ、ハッ、ハッ…」と発声する

2 腹筋を使って発声する

3 「パッ、パッ、パッ」「プッ、プッ…」など、息を強く吐く音でも発声する

3　口の開け方トレーニング

母音、あいうえおの声を磨くトレーニングです。
イラストを参考にしながら、順番に口を開けてみましょう。

1 まず、指が３本入るぐらい縦に口を開けて「あ」を発音します。
「あ」「あ」「あ」

2 次に、両サイドから引っ張られるように口を横に開いて
「い」「い」「い」

3 思いきりたこの口にして
「う」「う」「う」

4 ニコニコしながら、口を横に広げるイメージで
「え」「え」「え」

5 唇をすぼめるように丸めて
「お」「お」「お」

4　声を出すトレーニング

プロのアナウンサーがよく行っている、発声の練習法です。

あ	え	い	う	え	お	あ	お	ま	め	み	む	め	も	ま	も
か	け	き	く	け	こ	か	こ	ら	れ	り	る	れ	ろ	ら	ろ
さ	せ	し	す	せ	そ	さ	そ	が	げ	ぎ	ぐ	げ	ご	が	ご
た	て	ち	つ	て	と	た	と	ぱ	ぺ	ぴ	ぷ	ぺ	ぽ	ぱ	ぽ
な	ね	に	ぬ	ね	の	な	の	シャ	シェ	シュ	シェ	ショ	シャ	ショ	
は	へ	ひ	ふ	へ	ほ	は	ほ	か゚	け゚	き゚	く゚	け゚	こ゚	か゚	こ゚

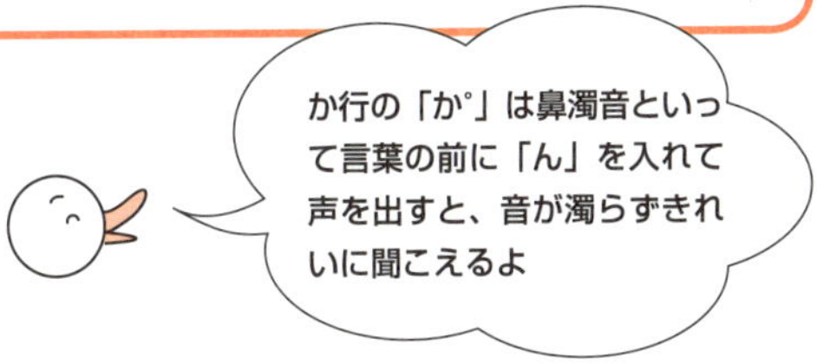
か行の「か゚」は鼻濁音といっ
て言葉の前に「ん」を入れて
声を出すと、音が濁らずきれ
いに聞こえるよ

5　滑舌トレーニング

口はしっかりはっきり開けて発声しましょう。

1. お綾や　母親にお謝り
2. 東京都特許許可局　日本銀行国庫局
3. 隣の客はよく柿食う客だ
4. 生麦生米生卵
5. 青巻紙赤巻紙黄巻紙

話すスピードは1分で350文字を意識しよう

アナウンサーがニュースを読みあげるスピードは、1分間で350～370文字といわれています。

必要な情報が、万人に受け取りやすいスピードであるほか、言葉にメリハリをつけられる速度なので、相手に思いが伝わりやすくなるのです。

これをマスターするには、新聞の記事を350字数え、それを読み上げて、どれくらいの時間がかかるかはかってみるのが効果的です。

録音して聴くと、声の強弱や大きさ、間のとりかた、相手に与える印象の癖がわかって、さらにおすすめです。ぜひ試してみましょう。

「ゆっくり」「はっきり」が
伝わる話し方のコツ

PART 3
受け方の基本

1 基本の受け方

電話を受けるときには、大きく分けて、自分で対応する場合と取り次ぐ場合の２つがあります。基本の流れからみていきましょう。

電話応対の基本の流れ

電話に出る

３コール以内に出る
基本は、利き手でないほうでとる
（利き手はメモの準備）

名乗る

会社名を名乗る（姿勢と表情に注意）
「はい、○○会社でございます」

相手の確認と挨拶

復唱し、挨拶
「□□会社の△△様でいらっしゃいますね。
こちらこそ、いつもお世話になっております」
相手が名乗らない場合
「失礼ですが、どちら様でいらっしゃいますか？」

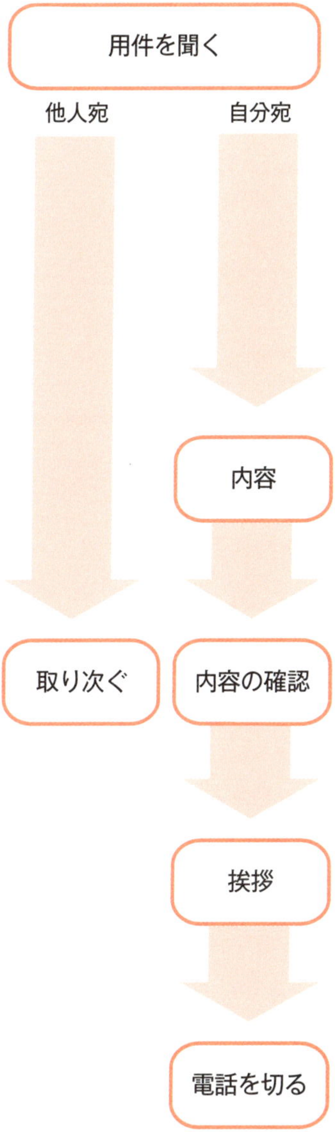

用件を聞き、確認

自分宛

「請求書の件でございますね」

他人宛

「田中でございますね。ただいま確認いたしますので、少々お待ちいただけますか？」

内容の確認

かけ手が決定事項を要約・復唱するのでその承認をする

「それでお願いいたします」

挨拶

「お電話ありがとうございました。今後とも、どうぞよろしくお願いたします」

姿勢を正す

相手が電話を切ったことを確認してから受話器を置く

電話応対のQ＆A

Q なぜ3コール以内に出なければいけないの？

A 相手が「待たされた」という気になるから

POINT 3コール待つと10秒待たされたことになる

Q 名乗る前に「はい」と入れる理由は？

A 「はい」と言うことで、その後の名乗り（会社名と名前）がはっきりと相手に伝わるから

POINT 「おはようございます」と言ったり、「お待たせいたしました」と言ったりする場合は、「はい」は必要ない

Q なぜ相手の名前を復唱する必要があるの？

A 聞き違えていないか確認をするため

POINT 聞き返すのが後になればなるほど、相手に対して失礼にあたる

Q 「しばらく」と「少々」の違いは？

A 「しばらく」は1分以内、「少々」は30秒以内

POINT 「しばらく」なら、相手側に「ある程度待とう」という心の準備ができる

Q 1分以上お待たせする場合はどう対応するの？

A いったん保留をといて、相手にまだ待ってもらえるか了解をとるか、かけなおす旨を伝える

POINT 相手に選択肢を提示する

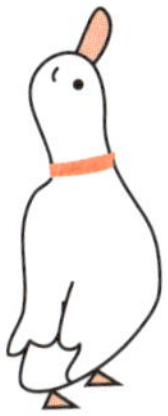

「少々お待ちください」は要注意

かかってきた電話のときに、呼び出された相手がいるのかどうかわからない状態で「少々お待ちください」と言ってしまうと、かけ手はかならず出てくれると思ってしまいます。
「確認いたしますので、少々お待ちいただけますか？」にしましょう。

2 基本の応対の流れ

電話を受けるときには、自分宛のもの、代理で対応するものなど、さまざまなパターンがあります。名指し人が在席している場合、名指し人が不在の場合、自分宛の場合の対応の流れを見ていきましょう。

基本の流れ

1 コール1～3回までに出る

・姿勢と表情を意識→名乗りの前に意識してからとる
・利き手でないほうでとる（利き手でメモをとれるように）

2 社名をゆっくり名乗る

はい。かんき商事でございます

自社名は早くなりがち。相手にわかりやすいように山型のイントネーションで

3 相手の会社名と名前を復唱する

カクタス社の山下様でいらっしゃいますね

名乗らない場合は確認

失礼ですが、
どちら様でいらっしゃいますか？

4 挨拶

いつもお世話になっております

5 用件の確認

明日のアポイントの資料の件でございますね

6 要点復唱

明日のアポイントの資料は本日正午までにメールにていただくということですね

7 挨拶をして切る

わたくし石山が承りました。失礼いたします

電話の受け方の流れ（名指し人が在席）

電話が鳴る

・３コール内に出る
・利き手にメモとペンを用意

↓

名乗り

・笑顔でゆっくり
・山型のイントネーション
「はい。○○社でございます」

↓

相手の復唱＆挨拶

・社名と名前を確認
「■■社の△△様でいらっしゃいますね。いつもお世話になっております」

↓

名指し人の確認

「総務部の星野でございますね。ただいまおつなぎいたしますので、少々お待ちいただけますか？」

↓

取り次ぐ

「星野さん、■■社の△△様よりお電話が入っております。お願いいたします」

電話の受け方の流れ（名指し人が不在）

電話が鳴る

↓

名乗り

↓

相手の復唱＆挨拶

↓

名指し人の確認

「総務部の星野でございますね。申し訳ございませんが、星野は外出中でございまして、午後４時過ぎに戻る予定でございます」

↓

代案を提案

こちらから連絡するときは、相手の電話番号を聞いておく

<代案を提案>

・かけ直す

「戻り次第、こちらからお電話いたしましょうか？」

・代わりに用件を聞く

「おさしつかえなければ、代わってご用件を伺いましょうか？」

・伝言を預かる

「もしよろしければ、ご伝言を承りましょうか？」

・緊急かを確認する

「お急ぎですか？」

↓

名乗り＆挨拶

・かけ手の選択肢を確認する

・伝言を受けた場合など、自分の名前を名乗る

「私、○○と申します。星野が戻りましたら、△△様よりお電話いただいたことを申し伝えます。お電話ありがとうございました」

電話の受け方の流れ（自分宛）

電話が鳴る

↓

名乗り

↓

相手の復唱＆挨拶

↓

用件

本人であることを告げる

「私が星野でございます。ご用件をお伺いいたします」

↓

用件の復唱

「かしこまりました。打ち合わせの日程を９日から10日の午後３時に変更ということですね」

↓

挨拶

かけ手が先に切ったのを確認して受話器を置く

「お電話ありがとうございました。それでは失礼いたします」

聞き間違えやすい単語

同音異義語

化学→科学　市立→私立　工業→鉱業、興業

要領→容量　指名→使命　保険→保健

操業→創業　関心→感心　終了→修了　など

間違えやすい言葉

1→7　4→7　100→200　10人→12人

10枚→10万　8本→100本　4日→8日

医師→技師　病院→美容院　日比谷→渋谷

中田→高田　など

アルファベット

AとJ　BとV　MとN

数字の読み方

「イチ・ニ・サン・ヨン・ゴ・ロク・ナナ・ハチ・キュー・

ゼロ・レイ・マル」

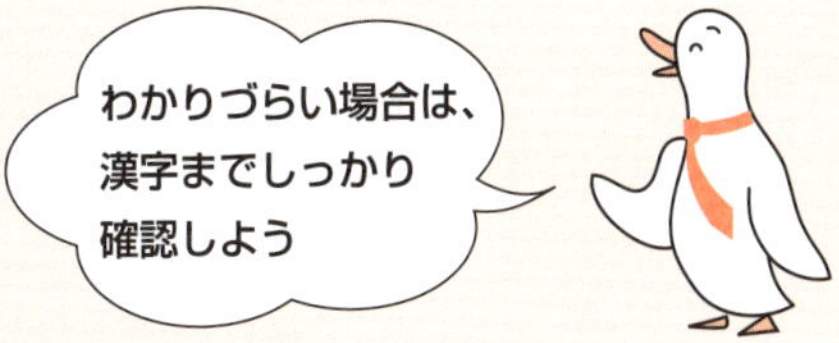
わかりづらい場合は、
漢字までしっかり
確認しよう

 よく使う電話応対用語

通常	お客様に対して
わたし、僕	わたくし
うちの会社	わたくしども、当社、わが社、弊社（主に文書）
あなたの会社	御社、そちら様、貴社（主に文書）
ちょっと待ってください	少々お待ちいただけますか？
やります	いたします
できません	申し訳ございませんが、いたしかねます
どうですか？	いかがでしょうか？
知っていますか？	ご存じでしょうか？
（相手の会社の）佐々木部長	部長の佐々木様
（相手の会社の）担当者	ご担当の方
席にいません（社内の人）	あいにく、席をはずしております
何でしょうか？（用件を聞く）	●失礼ですが、どのようなご用件でしょうか？ ●ご用件をお聞かせいただけませんか？
後で電話してください	●お手数ですが、後ほど電話をかけ直していただけますか？ ●もう一度お電話いただけますか？

通常	お客様に対して
後で電話をします	後ほどこちらから（改めて）お電話いたします
すみませんが	●申し訳ございませんが ●お手数ですが ●恐れ入りますが
わかりました	かしこまりました、承知いたしました
わかりましたか?	おわかりいただけましたか?
外出しています	外出いたしております、外出しております
そのとおりです	ごもっともでございます
あなたの言うとおりです	おっしゃるとおりでございます
何とかしてください	ご配慮いただけませんでしょうか?
ちょっと声が聞こえないのですが	恐れ入ります、少々お声が遠いようですが‥
どうしましょうか?	いかがいたしましょうか?
ありません	●申し訳ございませんが、切らしております ●こちらだけとなっております
そうです	さようでございます
来て下さい	ご足労ですが、お越しいただけますか?

基本の受け方チェックリスト

☑ にチェックしてください

□ベルが鳴ったら、3 回以内に出るように心がけていますか？

□メモとペンを準備していますか？

□電話に出る前に姿勢を正し、笑顔を意識していますか？

□明るい声で会社名と名前を名乗っていますか？

□相手を確認し、「いつもお世話になっております」の挨拶をしていますか？

□言葉づかいは適切でしたか？

□用件を復唱確認していますか？

□名指し人が不在のとき、適切に対応していますか？

□保留ボタンで長くお待たせしていませんか？（保留は 30 秒が限度）

□相手が切ってから、受話器を置いていますか？

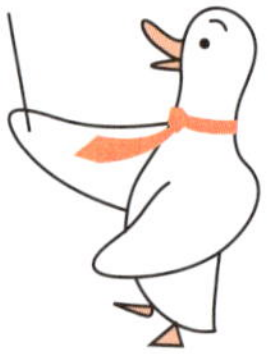

PART 4

かけ方の基本

1 基本のかけ方

電話のかけ方には大きく分けて、取り次いでいただく場合と本人にダイレクトにかける場合の２つがあります。基本のかけ方を確認しましょう。

基本の流れ

1 事前準備

・相手の名刺を見て、情報を確認（所属部署、下の名前、役職）
・用件をまとめておく（５Ｗ２Ｈを漏れなく確認）
・不在時の対応まで想定しておく（かけなおしてもらうのか、伝言なのか）
・必要書類を手元にもっておく
・タイミングを意識する
（受け手につながりやすい時間帯／相手の都合を考えてかける）
・電話番号は間違いなく

2 かけるとき

いつもお世話になっております。
わたくしシゲル企画の園田と申します

・挨拶をする
・呼び出し音を鳴らしすぎない
（10 回以上鳴ったら、いったん切って
また改めてかけなおす）

3 取り次いでいただく場合

営業部の三浦さんをお願いできますか？

・取り次ぎを依頼
（相手が不在の場合の代案を考えておく）

4 相手にダイレクトにかける場合

いつもお世話になっております。
シゲル企画の園田と申します。
来週の打ち合わせの件でお電話いたしました。３分ほどお時間をいただけないでしょうか？

・相手の都合をきく
・要点確認
・３分以内でおわるように
・挨拶して切る（かけ手が先に切る／フックをおさえてゆっくり）

電話応対のQ&A

Q かけるときの言葉の注意点は？

A クッションを言葉を使う

相手の状況がわからないなかで一方的にかけるので、ひと言気づかう言葉が必要

「お忙しいなか恐れ入りますが」はじめてなら、なぜかけたか続けて理由を告げる

「突然で失礼ですが」相手への配慮の気持ちを伝える

Q かけるときに注意する気づかいは？

A 「いかがですか？」を間に入れる

かける側は、用件があるため、一方的に話しがち

双方向のやりとりになるように、「いかがですか？」をはさむ

Q 大事な用件を複数伝えるときは？

A 大事なことは、電話だけでなくメールやＦＡＸで補うようにする

Q 用件が伝わるようにするには？

A はじめに目的と結論を話す

何について伝えたいか、どうしたいかをはじめに言うことで、相手にしっかり伝わる

Q 切るときの注意点は？

A かけ手が先に切るのが原則

ガチャンと切らず、フックを先に押してから切ると感じがよい

Q 携帯電話でかける際の注意点は？

A 大事な話は固定電話で

固定電話なら①電波が切れない　②音がクリア　③機密保持できる

はじめての相手にも「いつもお世話になっております」と、なぜ挨拶するの？

☆電話は個人対個人ではなく、会社対会社のもの
　自分がお世話になっていなくても、会社がお世話になっている
☆社会で普及している決まり文句

2 基本のかけ方の流れ

相手が在席している場合と、不在の場合では、それぞれに気をつける点や、言葉の使い方が変わってきます。それぞれのパターンの流れを見ていきましょう。

電話のかけ方（相手が在席）

かける前の準備

・用件を5W 2Hでまとめておく
・資料、メモを用意

電話をかける

相手の情報（名前・担当・電話番号）を確認して、間違えないように

名乗り＆挨拶

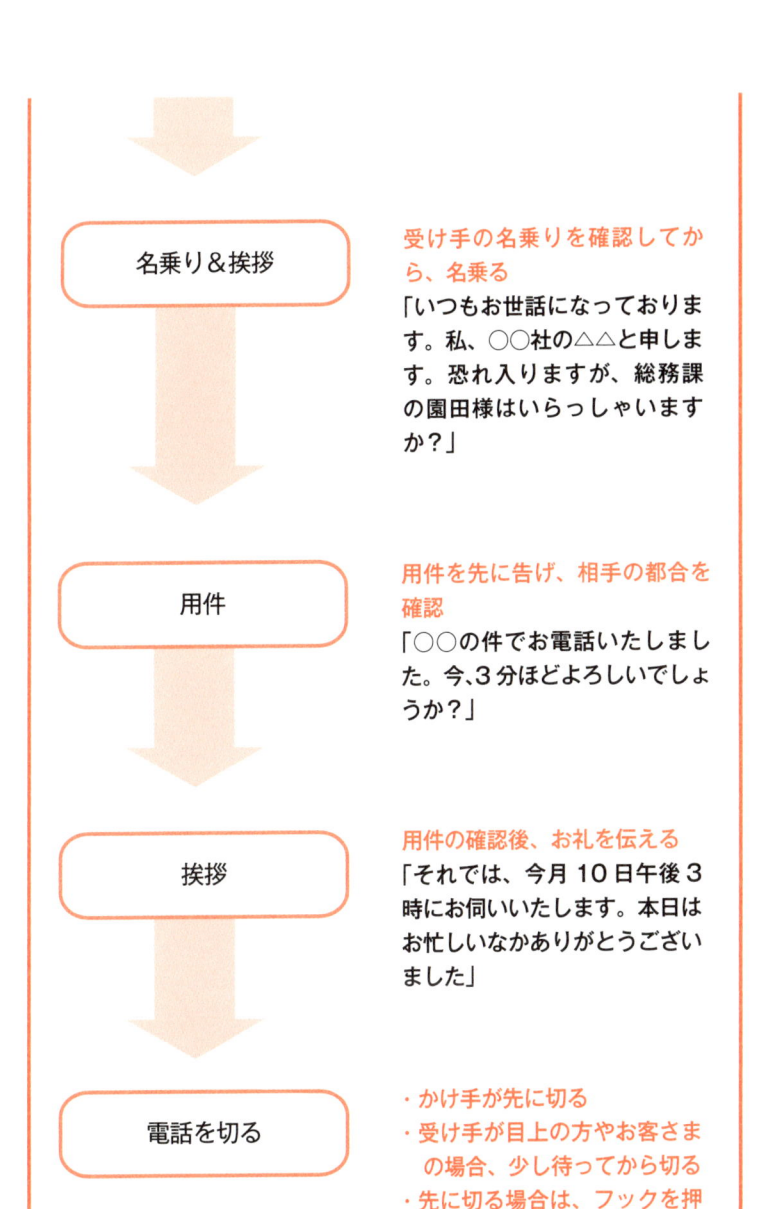

受け手の名乗りを確認してから、名乗る

「いつもお世話になっております。私、○○社の△△と申します。恐れ入りますが、総務課の園田様はいらっしゃいますか？」

用件

用件を先に告げ、相手の都合を確認

「○○の件でお電話いたしました。今、3 分ほどよろしいでしょうか？」

挨拶

用件の確認後、お礼を伝える

「それでは、今月 10 日午後 3 時にお伺いいたします。本日はお忙しいなかありがとうございました」

電話を切る

- かけ手が先に切る
- 受け手が目上の方やお客さまの場合、少し待ってから切る
- 先に切る場合は、フックを押してから受話器を置く

電話のかけ方（相手が不在）

かける前の準備

電話をかける

用件

「さっそくですが、経理担当の星野様はいらっしゃいますでしょうか？」

取り次ぎが必要

「申し訳ございませんが、あいにく星野は、ただいま外出中でございます。いかがいたしましょうか？」

代案

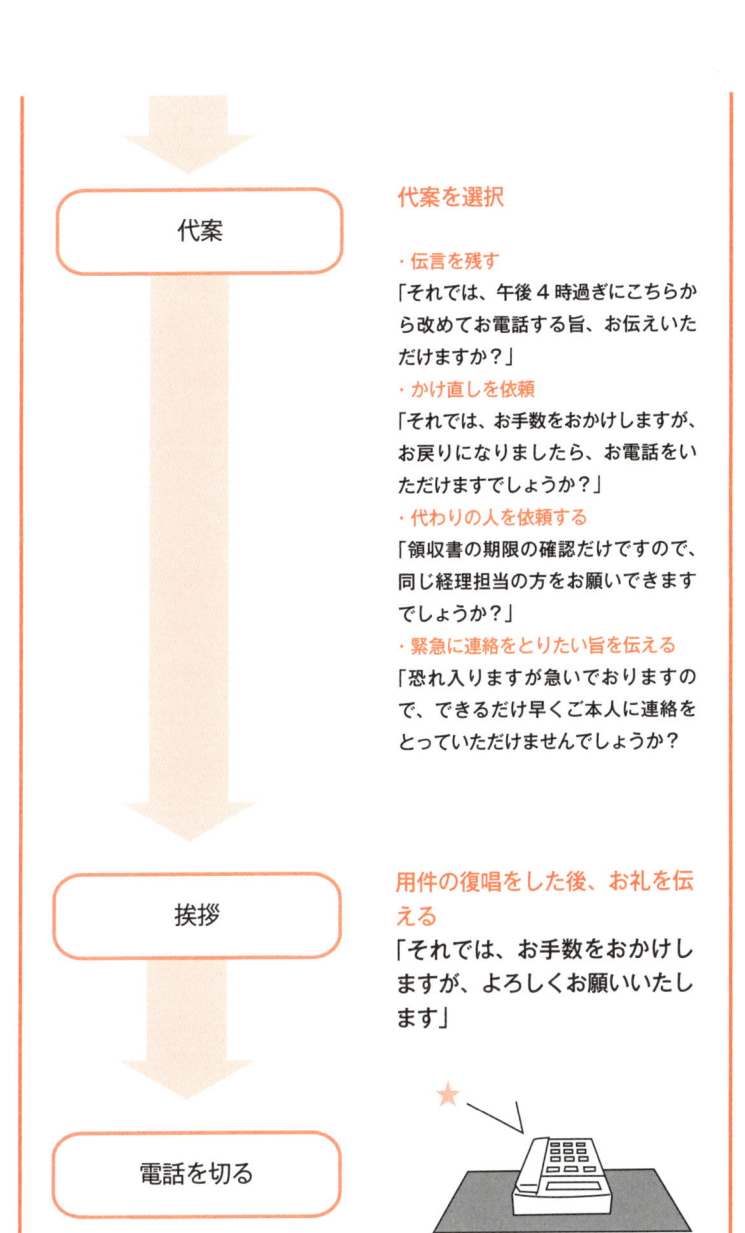

代案を選択

・伝言を残す

「それでは、午後４時過ぎにこちらから改めてお電話する旨、お伝えいただけますか？」

・かけ直しを依頼

「それでは、お手数をおかけしますが、お戻りになりましたら、お電話をいただけますでしょうか？」

・代わりの人を依頼する

「領収書の期限の確認だけですので、同じ経理担当の方をお願いできますでしょうか？」

・緊急に連絡をとりたい旨を伝える

「恐れ入りますが急いでおりますので、できるだけ早くご本人に連絡をとっていただけませんでしょうか？

挨拶

用件の復唱をした後、お礼を伝える

「それでは、お手数をおかけしますが、よろしくお願いいたします」

電話を切る

電話をかけるときの敬語一覧表

普段の電話	敬語表現
もしもし、○○社の間宮です	いつもお世話になっております。 ○○社の間宮と申します。
田中さんをお願いします	恐れ入りますが、伊藤課長は いらっしゃいますでしょうか？
「お待ちください」と 言われたとき	恐れ入ります
○○の件で電話しました	○○の件でお電話させていただきました
今、いいですか？	今、お時間よろしいですか？
いつ戻りますか？	何時頃お戻りのご予定でしょうか？
また後で電話します	お戻りになる頃、こちらから改めて お電話いたします
すみません、伝言を お願いできますか？	恐れ入りますが、 伝言をお願いできますでしょうか？
○○の件を聞きたいのですが	○○の件について伺いたいのですが、 ご担当の方はいらっしゃいますでしょうか？
（折り返し電話をもらえるとき） いいですか？	お手数をおかけしますが、 お願いできますでしょうか？
（電話を切るとき）どうも～	お忙しいところ、ありがとうございました

電話をかけるときのQ&A

Q 「中村様はおられますか？」は敬語？

A 間違い

「おります」は謙譲語なので、「られる」をつけても尊敬語にはなりません。
正しくは「いらっしゃいますか？」

Q 「すみませんが」はビジネス敬語？

A ×

クッション言葉として「すみませんが」という人が多いのですが、これはビジネスの敬語にはふさわしくありません。
「恐れ入りますが」をログセにしましょう。

Q 電話で説明するときのポイントは？

A 結論 → 具体的な理由の順で話す

相手にしっかり用件が伝わるように、まずは結論、その次に理由をお話します。
また一度の電話でたくさんの用件を伝えると相手が混乱してしまうので、用件は多くても3つまでを心がけましょう。

受け方・かけ方のロールプレイング

かけ手

①電話をかける前に内容を確認する

↓

②相手が出たら名乗り、挨拶する

「おはようございます(お世話になります)。
わたくし、□□□□(会社名)○○(名前)と
申します。いつもお世話になっております」

↓

③取り次ぎを頼む

「恐れ入りますが、
課長の田中様はいらっしゃいますか?」

受け手

①ベルが鳴ったらすぐ出る
②受話器を取ったらすぐ名乗る

「おはようございます
(お電話ありがとうございます)。
□□□□(会社名)でございます」

↓

③相手を確認する

「□□□□社の○○様で
いらっしゃいますね。
こちらこそお世話になっております」

↓

④取り次ぐ

「(課長の)田中でございますね。
かしこまりました。確認いたしますので、
少々お待ちいただけますか?」

「田中課長、
□□□□社の○○様からお電話です」

内線電話のかけ手

①ダイヤルする　自分の名を名乗る

「お疲れ様です
□□□□課の○○です」

②取り次ぎの依頼

「△△さんいらっしゃいますか?」

内線電話の受け手

①受話器を取る

②自分を名乗る

「お疲れ様です
△△△△課の□□です」

③用件を聞く

「△△さんですね、
少々お待ちくださいますか?」

基本のかけ方チェックリスト

☑にチェックしてください

- □ かけるタイミングについて、相手の都合を考えていますか？
- □ 相手の電話番号、所属を確認しましたか？
- □ 用件を５Ｗ２Ｈで整理して、大事な点はメモをしていますか？
- □ 必要な書類や資料を手元に用意していますか？
- □ 声のトーンは明るく、聞き取りやすい発音になっていますか？
- □ 簡潔に、用件を伝えていますか？
- □ 要点を確認し合いましたか？
- □ 復唱確認を忘れずにしましたか（内容や連絡先など）？
- □ 言葉づかいは適切でしたか？
- □ 締めくくりの挨拶をしましたか？
- □ フックを押してから、静かに受話器を置いていますか？

PART 5

電話の受け方

～応用編～

1 名指し人が電話に出られない（電話中、離席中、外出中、出張中）

電話を受けるときに多いのが、名指し人が電話に出られないというシーンです。基本的には「申し訳ございません」とお詫びをしたうえで、理由を説明し、「いかがいたしましょうか？」「代わりにご用件を伺います」「折り返しお電話するよう申し伝えます」など、提案をします。

ポイント

1. 理由を詳しく教えすぎない
2. 帰ってくるかどうか、帰社時間は教える（○○時には帰社する予定です）
3. 帰社予定時間は余裕をもって伝える（20 分後に戻る予定なら、30 分後と伝える）

状況別言葉例

電話中

申し訳ございません。田中はただいま、ほかの電話に出ております。
終わり次第こちらから、お電話をさしあげましょうか？

POINT
電話に出られないことをお詫びして、名指し人の現状を伝え、代案を添える

離席中

申し訳ございません。あいにく田中は席をはずしておりまして、あと 30 分ほどで戻る予定でございます。戻り次第、こちらからお電話いたしましょうか？

POINT
外出の場合は、戻る時間を伝えて、連絡がとれる時間の目安を案内する

出張中、休養中

あいにく、田中は来週 15 日月曜日まで出張中でございます。お急ぎですか？

せっかくお電話をいただきましたが、あいにく本日田中は休んでおります。
明日は出社予定でございますが、いかがいたしましょうか？

POINT
出社予定を知らせて（行き先や理由はＮＧ）、出社時でも間に合うか確認

「おさしつかえなければ、代わってご用件をお伺いいたしましょうか？」

POINT
本人でなくても、代わりに回答できそうな場合

2 名指し人の不在時に緊急性の高い電話がかかってきた

緊急性の高い電話がかかってきた場合は、臨機応変な対応が必要です。判断が難しければ、上司や先輩に相談するようにしましょう。

相手が担当者に急いで連絡をとりたいとき

お急ぎですか？

本人に連絡を入れて確認しますので、少々お待ちいただけますか？

失礼ですが、お電話番号をお聞かせいただけますか？

POINT
担当者（名指し人）の携帯番号を直接は教えない

○時すぎには帰社する予定ですが、いかがいたしましょうか？

POINT

相手の希望を聞く

電話で時々使われる「折り返しましょうか?」は誤った敬語だよ。
正しくは「折り返し、お電話いたしましょうか?」

ポイント

1. 相手の連絡先を聞く
2. 相手にどうしてほしいかを尋ねる
3. 場合によってはひとりで判断せず、上司の指示をあおぐ

3 名指し人への伝言を受ける

伝言を依頼されたときには、用件を復唱しながらメモをとり、復唱しましょう。相手に安心感を与えるだけでなく、要点を整理できます。

対応の流れ

よろしければ、ご伝言を伺いましょうか？

POINT 「よろしければ」を添える

それでは、念のためお電話番号をお聞かせいただけますでしょうか？

POINT 名指し人が知っている可能性がある場合でも、「念のため」のひと言を添えて確認しておく

○○が戻り次第、お電話をさしあげるよう申し伝えます

POINT 折り返しの電話を希望された場合、確認のひと言を伝える

○○が戻りましたら、お電話をいただいたことを申し伝えます

POINT 伝言は不要と言われた場合でも、本人に電話があったことだけ伝えることを案内する

伝言メモのポイント

<電話伝言メモ>

至急・普通

誰宛か？ ―― 園田課長　殿

いつ？ ―― 10月12日（水）　15時25分

誰から？（漢字が不明な場合はカタカナで） ―― ○○社のサイトウ　様より

相手の要望 ――

- □ 電話がありました
- ■ 折り返しお電話ください（Tel:08-8888-8888）
- □ またお電話します

用件は、下記の通りです

伝言の内容や相手の様子 ―― 10月15日の打ち合わせの時間変更希望の件について相談したいとのことです。お返事を急いでいらっしゃる様子でした。

受けた人の名前を明記 ―― 石山　受

4 聞き取れない

相手の声が聞き取りにくいときや、内容がよくわからないとき、どちらにおいても、相手の言うことを正確に理解せずに取り次ぐのは厳禁です。相手の気分を害することなく、焦らず丁寧に応対しましょう。

声が聞き取れない

お電話が少し遠いようですが

申し訳ございませんが、もう一度お願いできますでしょうか？

POINT
聞き取れないことを相手のせいにしないで電波のせいにする

どちらの○○様でいらっしゃいますか？

POINT
あいまいにしないでしっかり確認

内容がわからない

大変申し訳ありませんが、わたくしではわかりかねます。お調べして折り返しご連絡いたします

担当の者に代わりますので少々お待ちいただけますか？

POINT
クッション言葉+代案で
印象をやわらかく

ポイント

1. 相手のせいにしない
2. 聞き直す場合はお詫びの言葉を添える
3. 焦らず、丁寧に対応する

5 セールス電話がかかってきた

セールス電話がかかってきたときには、基本的には取り次がないようにします。

まずは相手から用件を聞き出し、不要と判断した場合は、丁寧にきっぱりと、その旨を伝えましょう。

用件を言わない

申し訳ございません。担当の者は、ただいま席をはずしております。失礼ですが、どのような用件でしょうか？

POINT
名前や用件を言わない電話は、基本的には取り次がない

相手が用件を言わない場合は、セールス電話の可能性が高いよ

いきなり取り次ぎを依頼された

せっかくお電話をいただきましたが、わたくしどもでは現在必要としておりません（導入の予定はございません）。今後必要になりましたら、こちらから改めてご連絡いたしますので、ご連絡先を教えていただけませんか？

POINT
セールス電話は連絡先を名乗らないケースも多い。丁寧に応対しながら相手先の情報を聞くのも有効

ポイント

1. まず相手の意図を確認する
2. 一方的であっても、丁寧な応対を保つ
3. 断る際にはしっかり伝える

6 間違い電話がかかってきた

間違い電話がかかってきたときに気をつけたいのは、相手を責めることなく丁寧に対応することです。こちらの会社名を伝え、必要があれば、部署や電話番号も知らせます。

会社は同じだが部署を間違えている

このお電話は（こちらは）○○課でございます。総務課におつなぎいたしますので、このままお待ちいただけますでしょうか

POINT
内線で名指し人にまわす

ポイント

1. 相手を責めない
2. お客さまに対するように最後まで丁寧に応対
3. 必要に応じてこちらの情報（会社名、部署、電話番号）を伝える

会社自体を間違えている

こちら○○社でございますが、何番におかけでいらっしゃいますか？

POINT
こちらの会社名を伝え
相手の電話番号を尋ねる

×××－○○○○です

こちらの電話番号は×××－△△△△にかかっております

POINT
①会社の代表なので、間違い電話に対しても感じよく
②番号を伝えることで、どこが間違っているかを教えてあげる

7 道案内をする

道案内の電話は、簡潔にわかりやすく伝えられることがポイントです。

いざというときにスムーズに道案内ができるよう、目印になるような建物をおさえておき、説明の仕方をあらかじめ準備しておくようにしましょう。

駅から会社までの道を聞かれた

失礼ですが、どちらからどのような交通手段でいらっしゃいますか？

いま○駅にいます

では○番改札口に出てください。正面にアヒル銀行がございます。アヒル銀行を左手に見て進んでいただいて2つめの信号の手前に弊社がございます

最後に

わたくし○○と申します。もし途中で迷われたらお電話をいただけますか？

POINT

①相手がどこにいるのかをかならず確認

②目印になる建物を入れて、左右、数字を入れて説明するとわかりやすい

その他の対応例Q&A

電話には、電波の関係で、うまくつながらないこともよくあります。
とっさのときでも失礼のない応対ができるよう、対処法をおさえておきましょう。

Q 途中で電話が切れたとき

A 電話をかけたほうがかけ直すのが原則

POINT お互いがかけ合うとつながらないため

Q 相手が無言

A 申し訳ございません。お声がこちらに届かないようですので、お電話をいったん切らせていただきます。お手数ですが、もう一度おかけ直しいただけますか？

POINT こちらが電話を切ることに了解を得るため

8 英語でかかってきた

突然英語で電話がかかってきたら、対応に焦ってしまいますね。

でも、会社名を名乗る以上、あなたの対応がそのまま、かけ手の企業イメージとなります。

英語の電話も基本の言葉さえおさえていれば、英語でもこわくありません。会社の代表としてしっかり対応しましょう。

英語の電話への対応法

NG

1. 無言で英語の話せる人を探す

→相手がつながっていないと思って、電話を切る可能性がある

2.「I can't speak English.」と言う

→コミュニケーションを拒否していると判断され、相手が困惑してしまう

対応の基本ポイント

・ゆっくり、はっきり話す

→相手に英語が苦手であることが伝わる

・英語のわかる人に代わってもらうフレーズだけでも覚えておく

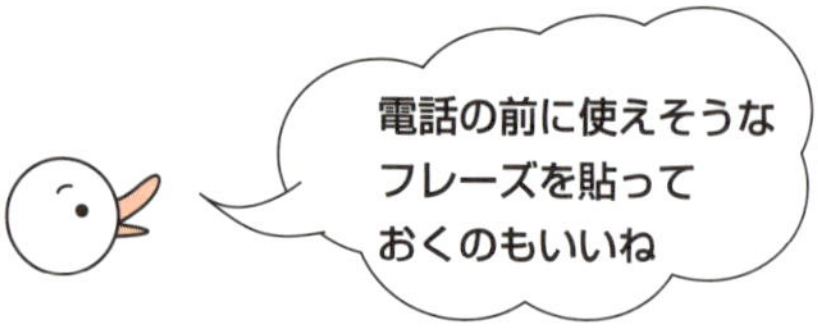
電話の前に使えそうな
フレーズを貼って
おくのもいいね

相手を確認して、電話を取り次ぐ

受け手（あなた）：はい、○○会社でございます

かけ手（相手）：May I speak to Mr. Suzuki?
「鈴木さんをお願いできますか？」

受け手（あなた）：Who's calling, please?
「どちらさまですか？」

かけ手（相手）：This is Jim Johnson from XYZ company.
「こちらはXYZ会社のジム・ジョンソンです」

受け手（あなた）：Certainly. Hold on, Please. I'll transfer your call to Mr. Suzuki.
「かしこまりました。鈴木におつなぎします」

名指し人が不在のとき

受け手（あなた）：はい、○○会社でございます

かけ手（相手）：This is Jim Johnson from XYZ company. May I speak to Mr. Suzuki?
「こちらはXYZ会社のジム・ジョンソンです。鈴木さんをお願いできますか？」

受け手（あなた）：I'm afraid, He is not available at the moment. Would you like him to call you back?
「申し訳ございませんが、ただいま電話に出ることができません。
こちらから、折り返しお電話いたしましょうか？」

かけ手（相手）：Yes, please.
「ええ、お願いします」

受け手（あなた）：May I have your phone number?（電話番号が不明）
「お電話番号をお願いできますか？」
I'll tell him to call you back later.（電話番号を知っている）
「折り返しお電話するよう、申し伝えます」

英語が話せる人へ取り次ぐ

受け手（あなた）：はい、○○会社でございます

かけ手（相手）：This is Jim Johnson from XYZ company. May I speak to Mr.Suzuki?
「こちらはXYZ会社のジム・ジョンソンです。鈴木さんをお願いできますか？」

受け手（あなた）：Just a moment, please. I'll get an English speaker.
「少々お待ちいただけますか？　英語の話せる者と代わります」

電話応対フレーズ集

電話を受ける

名乗り	はい、○○会社でございます（です）	もっとも基本の名乗り おわりを「。」で言い切る
	お電話ありがとうございます。○○の△△社でございます	販売、接客業界でのＰＲを兼ねた名乗り
	おはようございます。○○社でございます	朝10時半～11時くらいまで
	お待たせいたしました。○○社でございます	３回以上コールがなったとき ５回以上は「大変」をプラス

挨拶	いつもお世話になっております	ビジネス電話の定番の挨拶 はじめての相手でもＯＫ
	こちらこそ、お世話になっております	かけ手に先に挨拶されたとき
	○○様、いつもありがとうございます	お得意様など相手をよく知っている場合
	先日はありがとうございました	最近、会ったことがある場合

相手を確認	○○様でいらっしゃいますね	相手の確認の定番の表現 「○○様でございますね」ではないことに注意
	失礼ですが、どちら様でいらっしゃいますか？	相手が名乗らない場合

相手を確認	失礼ですが、〇〇のどちら様でいらっしゃいますか？	個人名が不明のとき
	少々、お電話が遠いようですが	相手の声が、雑音などでよく聞こえない（音量）
	申し訳ございませんが、もう一度お願いできますでしょうか？	内容が聞き取れない場合

用件を確認	お見積もりのお問い合わせですね	用件を確認する場合
	・課長の田中でございますね ・わたくしどもには田中は二人おりますが、総務担当の田中でございますか？	名指し人を確認する場合 会社に同姓者が複数いて、相手が部署名を言わない場合

取り次ぎを受ける	担当の者と代わりますので、少々お待ちいただけますか？	名指し人が在席している場合、保留ボタンを押す前に、ひと言案内する
	田中でございますね。ただいま確認いたしますので、少々お待ちいただけますか？	名指し人が電話に出られるかわからない場合。「はい、少々お待ちください」ではすぐに取り次いでもらえると誤解されるため
	在席 （お待たせいたしました）。 田中におつなぎいたします	保留ボタンを解除して、名指し人へ電話をまわす場合

取り次ぎを受ける	不在 申し訳ございません。あいにく田中は席をはずしておりまして、あと30分ほどで戻る予定でございます。戻り次第、こちらからお電話いたしましょうか？	外出の場合は、戻る時間を伝えて、連絡がとれる時間の目安を案内する
	・あいにく、田中は来週15日月曜日まで出張中でございます。お急ぎですか？ ・せっかくお電話をいただきましたが、あいにく本日田中は休んでおります。明日は出社予定でございますが、いかがいたしましょうか？	出張や休みなどの場合は、出社予定を知らせて（行き先や理由はＮＧ）、出社時でも間に合うかを問いかけてみる
	おさしつかえなければ、代わってご用件をお伺いいたしましょうか？	本人でなくても、代わりに回答できそうな場合
伝言を受ける	それでは、念のためお電話番号をお聞かせいただけますでしょうか？	名指し人が知っている可能性がある場合でも、「念のため」のひと言を添えて確認しておく
	○○が戻り次第、お電話をさしあげるよう申し伝えます	折り返しの電話を希望された場合、確認のひと言を伝える
	○○が戻りましたら、お電話をいただいたことを申し伝えます	伝言は不要と言われた場合でも、本人に電話があったことだけ伝えることを案内する

用件を受ける	お待たせいたしました。私が○○でございます	取り次ぎを受けて、電話に出る場合
	○○の件でございますね。私が承ります	自分で用件の対応をする場合
	ただいま、資料を用意しますので、少々お待ちいただけますか？	資料が手元にないため、待っていただくときのひと言

要点の復唱	それでは、念のため確認いたします	用件を聞き終えたときに、要点を確認するとき
	以上でよろしいでしょうか？間違いはございませんか？	聞き漏れがないか、確認をしたいとき

挨拶する	私○○が承りました	伝言を受けたときなど、責任をもって対応することを相手に伝える
	私○○と申します	最初に自分の名前を名乗らなかったとき。「承りました」と同じ
	どうぞよろしくお願いいたします	その後もやりとりの可能性がある場合などの締めくくりの挨拶
	お電話ありがとうございました	一般的な締めくくりの挨拶

お待たせする時間によって使う言葉も変えよう

相手に電話をお待ちいただくとき、お待たせする時間によって、言葉を変える必要があります。次のような言葉を意識しましょう。

4コール以上のとき「大変お待たせいたしました」
30秒程度のとき「少々」
1分以内のとき「しばらくお待ちください」
5分以内のとき「すぐに」「ただちに」
30分以内のとき「後ほど」
2日以内のとき「後日」

また、保留がゆるされる時間は30秒までといわれています。

電話の待ち時間は相手にとって負担になりますので、時間については意識して言葉を使いましょう。

お待たせする時間によって、言葉を細やかに使い分けましょう

PART 6

電話のかけ方

～応用編～

1 アポイントをとる

アポイントをとるときには、まず相手の状況を確認し、目的と所要時間を伝えます。手短に用件を伝えられるよう、事前に自分の予定や、所要時間を把握しておくことを忘れずに。候補日は、相手に選んでもらえるように、複数提示しましょう。

いつもお世話になっております。
シゲル企画の伊藤でございます
今、少々お時間をよろしいでしょうか？

[1]○○の件で来週お目にかかりたいのですが、[2]来週月曜日、火曜日、水曜日あたりのご都合はいかがでしょうか？

ポイント

1. 目的と所要時間を伝える
2. 事前にかならずアポをとる。候補を2～3件伝えて、相手に選んでもらうようにする

2 アポイント変更のお願いをする

こちらの都合でアポイントを変更してもらう場合は、丁重にお詫びをします。代案については、選択肢をいくつか提示して相手に選んでもらい、誠意を示しましょう。

急なお願いで大変申し上げにくいのですが、[1,2]明日の打ち合わせを来週に変更していただけないでしょうか？

後日

今回はこちらの都合でご迷惑をおかけして、[3]大変申し訳ございませんでした

ポイント

1. 声に表情をのせて、依頼する形でお願いする
2. 代案（選択肢を添えて）を出して相手に選んでもらう
3. 次回会ったら、ひとことお詫びを言う

3 アポイントに遅れる

電車の遅延や交通渋滞、前の打ち合わせが長引いた…など、さまざまな理由でアポイントの時間に遅れてしまうことはあります。

こちらの都合で遅れてしまう場合は、遅れるとわかった時点ですぐに電話を入れましょう。こちらの連絡が早いほど、相手もその後の予定を組み直しやすくなります。

そして、打ち合わせ先に着いたら、まず「お時間に遅れてしまい、申し訳ありません」と丁重にお詫びの言葉を伝えることが大切です。

時間を守ること＝社会人のルールです。

大変申し訳ございません。いまそちらに向かっておりますが、[2]電車が遅延して（事故で遅れて）おります。あと15分ほどお待ちいただけませんでしょうか？（15分ほど、遅れそうなのですが、お時間はよろしいでしょうか？）

わかりました。お気をつけていらしてください

ご迷惑をおかけいたしますが、どうぞよろしくお願いいたします

ポイント

1. わかった段階で事前に連絡を入れる
2. 遅れる理由と、どれくらい遅れるかを伝える

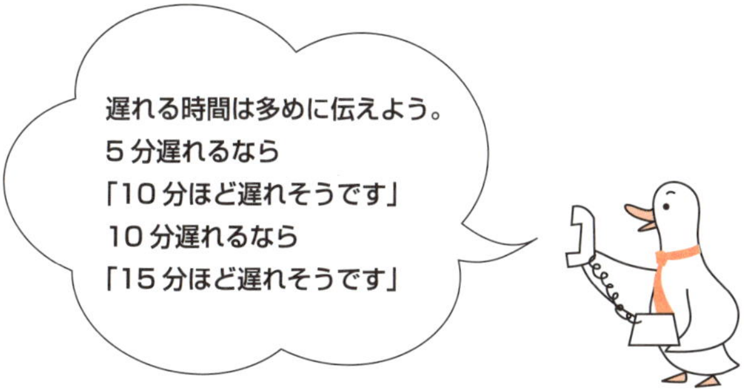
遅れる時間は多めに伝えよう。
5分遅れるなら
「10分ほど遅れそうです」
10分遅れるなら
「15分ほど遅れそうです」

4 緊急で連絡をとりたい

緊急で連絡をとりたい場合には、受け手に対して用件と緊急の電話であることを伝えます。

すぐに名指し人が出られない場合は、緊急の度合いによって、こちらから改めて電話をするか、折り返しの電話をお願いするか判断して伝えましょう。

相手が不在でまだ時間に余裕がある

△△様は何時ごろお戻りになる予定でしょうか？
承知しました。では、午後３時に改めてお電話いたします。
○○の件で電話があった旨をお伝えいただけますでしょうか？

緊急で相手と連絡をとりたい

○○の件で[1,3]できれば本日の午後３時までにお返事をいただきたいと思っております。
お手数をおかけして大変恐縮ですが、わたくし園田の携帯電話まで折り返しお電話をいただけるようお伝えいただけますでしょうか？　番号は090－××××－□□□□です。
どうぞよろしくお願いいたします

[1]○○の件で、至急△△様にご連絡したいのですが、[2]お取り次ぎをお願いできませんでしょうか？

ポイント

1. 緊急であることを伝える
2. 名指し人に取り次いでもらえるように依頼する
3. いつまでに返答がほしいかを伝える（緊急度があがる）

かけたほうがかけ直すのが
電話の基本だから、
相手に折り返しの電話をお
願いするのは、緊急のとき
だけにしよう

5 問い合わせたいことがある

問い合わせたいことがある場合は、何の件で電話をしたのか、はじめに相手に伝えます。そして、聞きたいことは結論から尋ねるようにしてください。

名指し人が不在の場合は、ほかに対応できる人がいればその人にお願いし、そうでない場合は用件を伝え、こちらから改めて連絡する旨を伝えます。

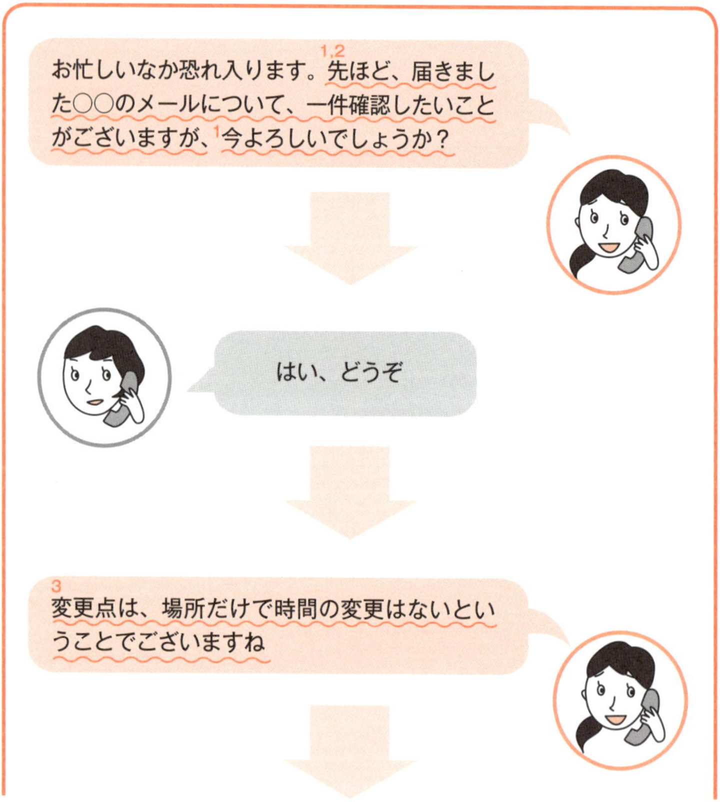
お忙しいなか恐れ入ります。[1,2]先ほど、届きました○○のメールについて、一件確認したいことがございますが、[1]今よろしいでしょうか？
はい、どうぞ
[3]変更点は、場所だけで時間の変更はないということでございますね

はい、そうです

承知いたしました。それでは、予定通り午後3時にお伺いいたします。[4]お手数をおかけしました。ありがとうございました

ポイント

1. 相手の状況を確認する
2. 教えてほしいことの結論から伝える
3. 教えてもらった回答を復唱する
4. 最後にお礼を言う

問い合わせは、場合によっては長くなることもあるから、はじめに相手の都合をきちんと聞こう。お互いの認識がずれないように、念押しで回答を復唱することも忘れずにね

6 伝言を依頼する

名指し人が不在の場合、伝言をお願いすることもあるでしょう。

その場合、かならず応対した人の名前を確認します。応対した人には、聞き間違いや伝え忘れをしないよう、要点を手短に伝えることが大切です。

では、ご伝言をお願いしてもよろしいでしょうか？

○○様にお伝えいただきたいのですが、お願いできますでしょうか？

かしこまりました。どうぞ

[1,2]先ほど、○○様宛に明日の△△の資料を３枚、お送りいたしました。内容のご確認をお願いしますとお伝えいただけますか？

かしこまりました

[3]失礼ですが、お名前をお伺いしてもよろしいでしょうか？

大西と申します

ポイント

1. 電話の受け手がメモにとりやすいように短く伝える
2. ５Ｗ２Ｈで漏れなく伝える
3. 伝言を預けた相手の名前を確認しておく

５Ｗ２Ｈをおさらいしよう。
(When,Where,Who,What,
Why,How,How much)
だよ。

7 催促の電話をする

催促の電話の際に大切なことは、相手に失礼にならないよう、心がけることです。相手を責めたり、相手が間違っていると決めつけず、丁寧に低姿勢でお願いしましょう。

こちらの勘違いもありうるので、「何か行き違いがありましたでしょうか？」と、相手に思い当たることがないか確認するのが原則です。

[1]昨日までに○○を送っていただけるとのことでしたが、じつはこちらにまだ届いておりません。今、どのような状況になっているか、[2]お調べいただけませんでしょうか？

お手数をおかけしますが、どうぞよろしくお願いいたします

ポイント

1. 感情的にならない
2. 依頼形でお願いする
（こちらが間違えている可能性もあるため）

「何か行き違いがありましたでしょうか？」という言い方は、相手を責めることにならないから、おすすめだよ

8 お断りの電話をする

断りの電話をする場合は、相手を不快な気分にさせないよう、まず誘ってもらったことへの感謝の気持ちを伝えるようにします。そのうえで、断る具体的な理由を伝え、可能なら代わりの提案をします。

最後には、「またお声をかけてください」と、プラスの言葉をひと言添えましょう。

来週の懇親会、[1]せっかくお誘いいただきましたが、あいにく[2]その日は他の予定が入っております。[3]また次の機会には出席させていただきたいと思っております。

ポイント

1. プラス（クッション言葉）→マイナス（結論と理由を伝える）→プラス（フォローのひと言）の順で伝える
2. あいまいにしないでしっかりと理由を伝える
3. フォローのひと言を添える

そのほかのお断りワード

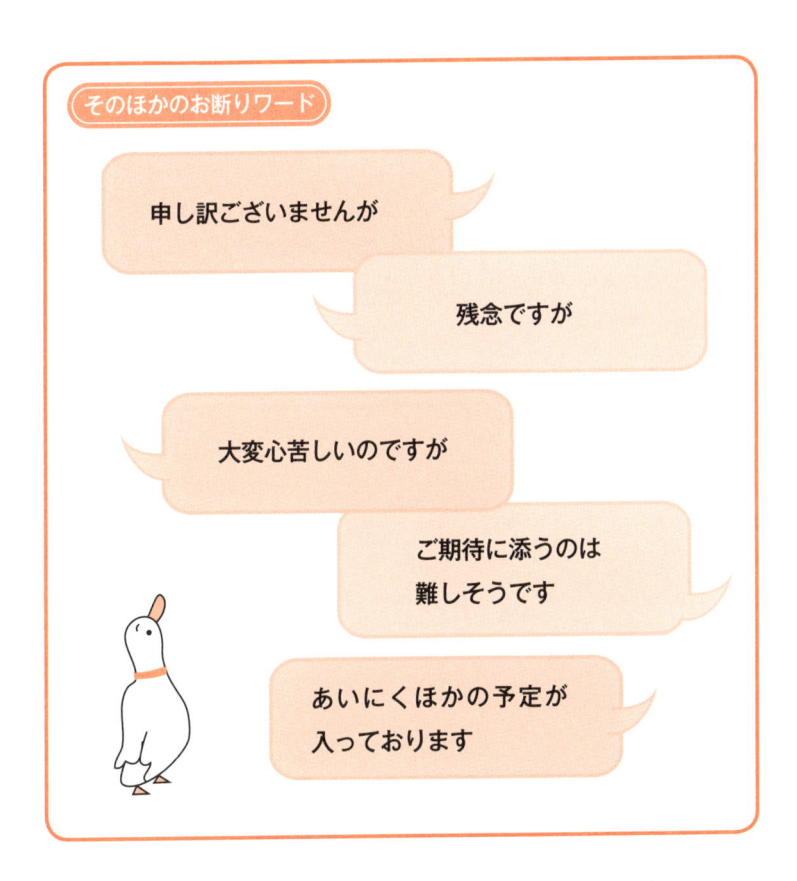

申し訳ございませんが

残念ですが

大変心苦しいのですが

ご期待に添うのは
難しそうです

あいにくほかの予定が
入っております

9 お礼の電話をかける

お礼の電話は、スピードが大切です。早めにかけたほうが誠意が伝わり、好感をもってもらえます。また、感謝の気持ちを伝える機会をもつことで、信頼関係を築くことができ、次のアポイントにもつながっていきます。

[1]ひと言お礼を申し上げたいと思い、お電話しました
お忙しいなか、さっそく資料をお送りいただきましてありがとうございました。[2]説明が大変わかりやすくよく理解できました

昨日は、お忙しいなかお時間をつくっていただき、ありがとうございました。[2]直接お話を伺うことができて、必要性がよく理解できました

ポイント

1. できるだけ早く
2. どこがよかったかという感想（気持ち（感情））を具体的にひと言伝える

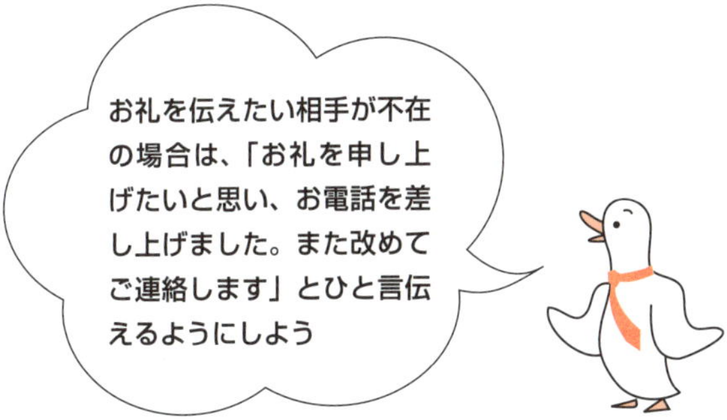
お礼を伝えたい相手が不在の場合は、「お礼を申し上げたいと思い、お電話を差し上げました。また改めてご連絡します」とひと言伝えるようにしよう

災害用伝言ダイヤルの使い方

災害用伝言ダイヤルは、地震などの災害の発生で被災地への通信が集中し、繋がりにくくなった場合の伝言板です。体験もできますので、非常時に使えるよう大切な人同士で使い方を確認しておきましょう。

NTT

「171」にダイヤルして、ガイダンスに沿って、入力、再生する。

携帯各社

サービス概要、登録・確認方法

ドコモ	http://www.nttdocomo.co.jp/info/disaster/
KDDI(au)	http://www.au.kddi.com/notice/dengon/
softbank	http://mb.softbank.jp/mb/service/dengon/

(2017年8月現在)

その他の対応例Q＆A

Q 何か資料などを送付してもらいたいとき

A
・こちらの住所は郵便番号から伝える
・受け手が漢字までわかるように具体的に

カワモトの「カワ」はさんずいの河でございます

Q 留守番電話に伝言を残すとき

A 録音許容時間が短いため、名前を名乗って用件を伝える

○○社の△△です。○○の件でお電話いたしました。お時間のある際にお電話をいただけませんでしょうか？　連絡先は、○○○—○○○—○○○○です。よろしくお願いいたします

受け方・かけ方のロールプレイング

<かけ手> 外部のお客様

①電話をかける前に内容を確認する

②相手が出たら名乗り、挨拶する

「おはようございます
（お世話になります）。
わたくし、□□□□（会社名）の
○○（名前）と申します。
いつもお世話になっております」

③取り次ぎを頼む

「恐れ入りますが、□□部の
○○様はいらっしゃいますか？」

④伝言を依頼する

「それでは、お願いします」

<受け手> あなたの会社

①ベルが鳴ったらすぐ出る（3回以内）
②受話器を取ったらすぐ名乗る

「おはようございます
（お電話ありがとうございます）。
□□□□（会社名）でございます」

③相手を確認する

「□□□□（会社名）の○○様で
いらっしゃいますね。
こちらこそお世話になっております」

④電話に出られない理由を伝える

「□□部の○○でございますね。
申し訳ございません、
○○はただいま外出しておりまして、
○時頃に戻る予定になっております。
よろしければ、戻り次第こちらから
お電話いたしましょうか？」

⑤電話番号を伝える

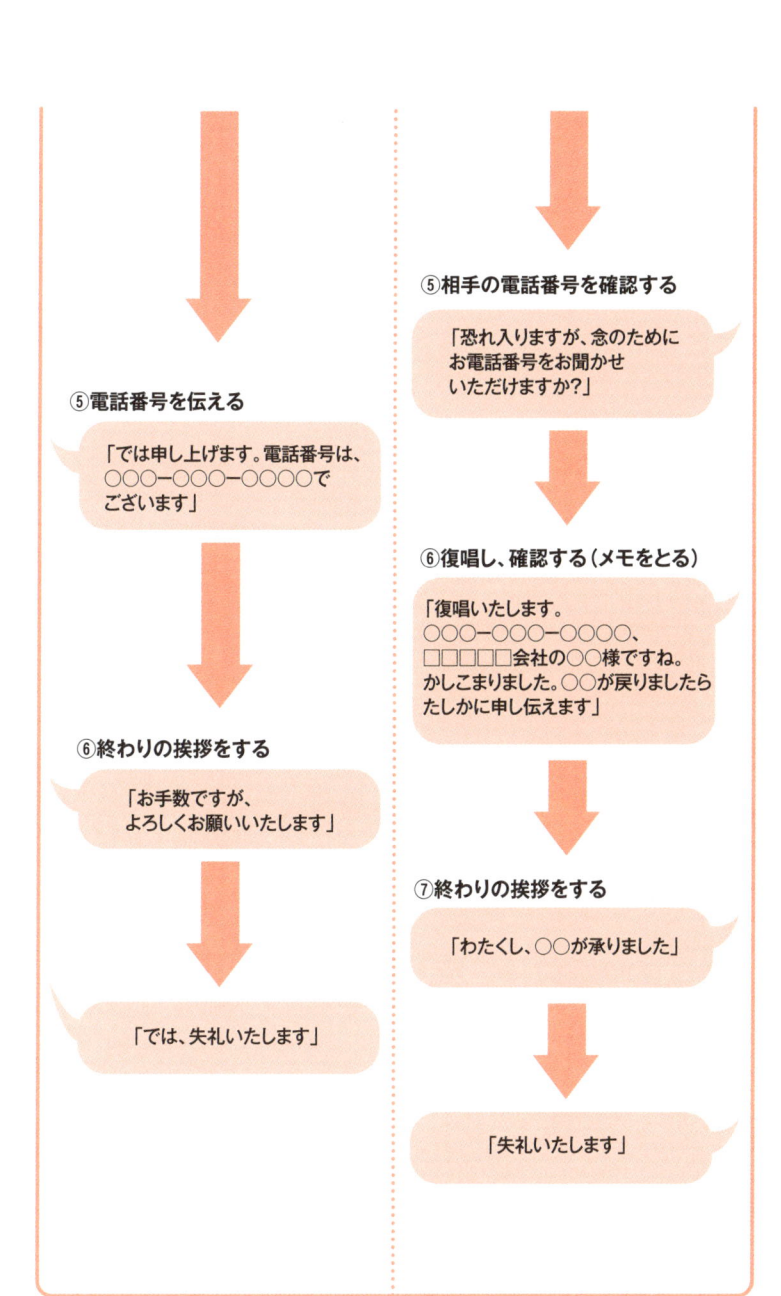

「では申し上げます。電話番号は、
○○○ー○○○ー○○○○で
ございます」

⑥終わりの挨拶をする

「お手数ですが、
よろしくお願いいたします」

「では、失礼いたします」

⑤相手の電話番号を確認する

「恐れ入りますが、念のために
お電話番号をお聞かせ
いただけますか?」

⑥復唱し、確認する（メモをとる）

「復唱いたします。
○○○ー○○○ー○○○○、
□□□□□会社の○○様ですね。
かしこまりました。○○が戻りましたら
たしかに申し伝えます」

⑦終わりの挨拶をする

「わたくし、○○が承りました」

「失礼いたします」

電話応対フレーズ集

電話をかける

名乗り	私（わたくし）、○○社の△△と申します	一般的な名乗り、語尾は「ございます」でも可
	いつもお世話になっております、○○社の△△でございます	顧客に電話する際、最初に挨拶することで謙虚な印象を与える表現
	先ほどお電話いたしました、○○社の△△でございます	同じ日に二度目の電話をかけるとき
	申し遅れました、私○○の△△と申します	名乗り忘れて、受け手に聞かれて返事をする際のひと言

挨拶	こちらこそ、お世話になっております	受け手から先に「お世話になっております」という挨拶を受けた場合
	たびたび恐れ入ります	同日に何度か電話をしたとき
	朝早くから失礼します	始業前など、朝早い時間に電話をかけるとき
	夜分に（業務時間外に）申し訳ございません	終業時間後、夜になってから電話をかける必要がある場合
	突然のお電話で失礼いたします	はじめての相手に電話をかける場合
	はじめてお電話いたします。○○の△△様よりご紹介いただきました□□と申します	○○社の△△さんに紹介されて、はじめて電話をかけるとき

挨拶	携帯から失礼いたします	携帯電話から電話をかけるとき
	今、よろしいでしょうか？	用件を話す前に、相手の都合を確認するひと言
取り次ぎの依頼	さっそくですが、○○様はいらっしゃいますか？	「さっそくですが」のひと言で、用件を切り出す
	恐れ入りますが、○○担当の△△様はいらっしゃいますか？	丁寧に取り次ぎを依頼する場合
	お忙しいなか恐れ入りますが、○○のご担当の方をお願いできますでしょうか？	担当者の名前がわからない場合に、対応を依頼する表現
用件を告げる	さっそくですが、○○の件で、2～3分ほどお時間よろしいでしょうか？	用件の内容と所要時間を最初に伝える、受け手に配慮のある伝え方
	○○の件で、お電話させていただきました	最初に用件を伝えるとわかりやすい

相手が不在	それでは、こちらから改めてお電話いたします	こちらから電話をかけることを伝える
	それでは、午後3時頃にお電話いたします	相手の在席に合わせて、電話をすることを伝えることで予約を入れる。伝えたら忘れずに電話をする
	急いでおりますので、○○様にご連絡をお願いできませんでしょうか？	外出先の○○さんに連絡をとってほしいと依頼したいとき
	恐れ入りますが、伝言をお願いできますか？	伝言を依頼したとき
	お戻りになりましたら、○○の△△までお電話をいただけますでしょうか？	折り返し電話をかけてほしいと伝えたいときの表現
	それでは、電話があったことだけお伝えいただけますか？	用件がそれほど重要でなく、電話をしたことだけを伝えたいとき
	○○の件なのですが、代わりにおわかりになる方をお願いできますでしょうか？	名指し人でなくても対応してもらえそうな用件のときの頼み方
	ただいまから外出いたしますので、お手数おかけして申し訳ございませんが私の携帯までご連絡をいただけますでしょうか？	携帯電話に折り返しの電話をかけてほしいとき

要点の復唱	何か、ご不明の点はございませんでしょうか？	用件がきちんと伝わったかを確認したいとき

挨拶	お手数をおかけしますが、どうぞよろしくお伝えください	伝言を依頼した場合などの、会話の締めくくりの挨拶
	お忙しいなか、お時間をいただきましてありがとうございました	忙しい相手に時間を拘束したことのお礼を伝えたとき
	それでは、今後ともどうぞよろしくお願いいたします	今後もお付き合いがある可能性がある場合の挨拶

「質問」に欠かせない
オープン質問とクローズ質問

会話でのやりとりで成り立っている電話応対では、質問力が大切な鍵になります。質問によって情報が整理されるだけでなく、次につながる話に発展したり、相手との信頼関係の向上にもつながったりするのです。

質問には、大きく分けてオープン質問とクローズ質問があります。

オープン質問は、相手に自由に答えてもらう質問の方法で、多くの情報を引き出すことができます。自分から積極的に話してくれる相手に適した質問です。

例としては「○○について、具体的に教えていただけませんか？」「それはどのような状況で起きたのでしょうか？」などです。

クローズ質問は、「はい」「いいえ」あるいは「○○です」などと、短く答えられる質問です。話すのが得意ではない相手、話の要点がわかりづらい相手、はじめて電話をかける相手に適しています。「それは昨日のことですね？」「それは○○ということでしょうか？」などです。

ふたつの質問手法をバランスよく交互に出して、会話を発展させていきましょう。

オープン質問とクローズ質問は交互に使うと効果的。会話力のアップにつながります

PART 7

クレーム電話への応対

1 クレームのしくみ ～なぜ不満が起こるのか～

「クレーム」と聞くと、苦手意識をもつ人がとても多いのですが、クレーム電話は、お客様の声を直接知る、とても大切な機会です。しっかり対応すれば、お客様満足につながるチャンスでもあります。

まず、クレームと苦情の違いをみてみましょう。

クレームと苦情の違い

クレーム
問題解決を要求するもの
苦情
不平、不満を訴えるもの

クレームと苦情では、対応法は異なってきます。

クレームの場合には、商品を取り替えたり、対応法を説明することによって納得してもらえますが、苦情の場合は、お客さまが不安や不満に思った「気持ち」に対するケアがないと納得してもらえません。いいわけは禁物です。

クレーム発生のメカニズム

クレームは、どうして起こるのでしょう？

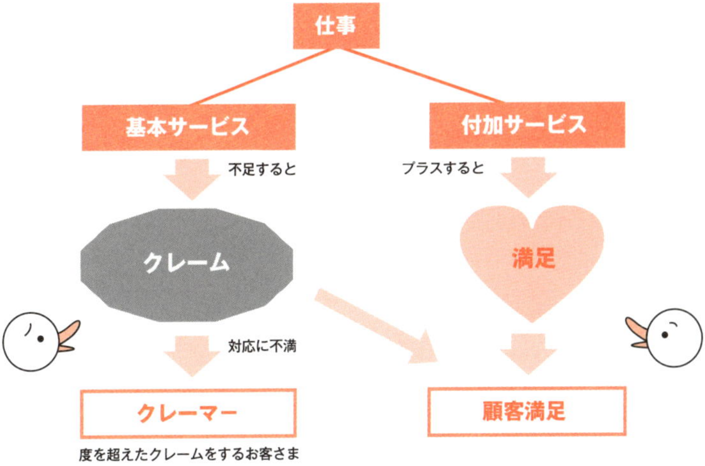
仕事
基本サービス
付加サービス
不足すると
プラスすると
クレーム
満足
対応に不満
クレーマー
顧客満足
度を超えたクレームをするお客さま

基本サービス＝当然得られると思っている商品の品質やサービス

付加サービス＝期待を超えた予想外のもの

クレームは、基本サービスがなかったときに起こるものです。

当然だと思っているものが得られていないときにクレームは発生します。

ピンチはチャンス

①クレームを言ってくるお客さまは潜在的なファン。誠意をもって対応するとファンになってくれる

②自社の商品やサービスの改善になる

2 クレーム対応の基本

クレーム対応をするときに大切なことは、①迷惑をかけたことに対して、丁寧にお詫びをすること、②相手から内容を十分に聴くこと、③解決策を説明し、迅速に対応すること、④最後にお詫びの気持ちを伝えて締めることです。具体的に見ていきましょう。

1 第一印象

・お待たせしない
・名乗りはしっかり

はい。かんき商事でございます

2 謝る （理由を明確に）

はじめにひと言お詫びをいれる

このたびはご不快な思いをおかけして申し訳ございません

相手に冷静になってもらう

途中で相手の話をさえぎらずに、最後まで聴く

はい。さようでございますか

人は自分の思いを聴いてくれた相手の話を聴こうとするメカニズムがある

聴くときには、客観的事実と
主観的事実を聞き分ける

「客観的事実」いつどこでどんなことが起こったのか（5W2H）
「主観的事実」どんなふうに感じたのか（どういう言葉を言われたかをメモ）

事実確認をする
（相手の状況を要約して返す）

確認させていただきますと、昨日わたくしどもの○○店でお買い上げいただいたカメラのバッテリーが破損していたということでございますね

相手に「そうです」と言ってもらう
「ね」でおわるのがポイント

せっかくお子様の運動会の写真を楽しみにされていたのに、さぞがっかりなさったことと思います。本当に申し訳ございませんでした

気持ちへの対応をする

3 提案

提案には2通りある
~取り次ぐ人と責任者で対応の仕方が違う~

1. 責任者でない場合

どのように対応するかを伝える

さっそく事実を確認いたしまして、こちらから改めて本日中にご連絡さしあげます

できるだけ早く（その日のうちには）
状況報告を入れる

2. 責任者の場合

わたくし、担当の○○と申します。
さっそく確認いたしまして、本日午後4時頃までに、一度状況をご報告いたします。
このたびは、ご迷惑をおかけして、大変申し訳ございません

数日かかる場合には、
その旨をしっかり伝える

現場の状況を確認してからのお返事になりますので2日ほどお時間をいただけませんでしょうか

4 締め（自分の名前を伝える）

1. 責任者でない場合

自分の名前を名乗る
～相手に安心感を与える～

わたくし○○が承りました。このたびはご迷惑をおかけして申し訳ございませんでした

2. 責任者の場合

責任をもって対応することを伝える

このたびは、わたくしどもをご利用いただきながら、ご期待にお応えできず大変申し訳ございません。今後のことに関しましては、わたくし○○が責任を持ちまして担当させていただきますのでどうぞよろしくお願いいたします

過剰な期待をかけないよう、対応策の内容には触れない

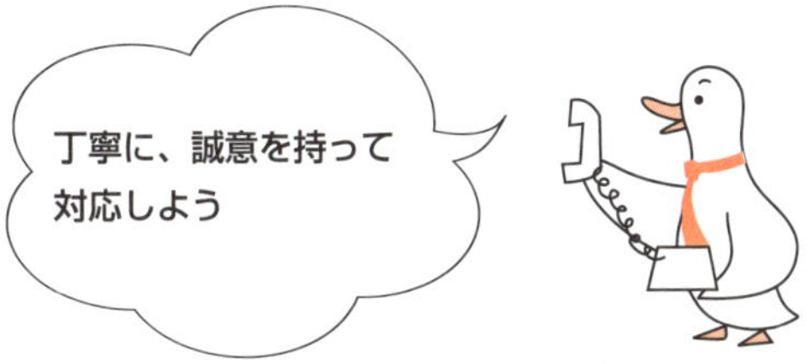

苦情の場合（客観的事実＋主観的事実へのお詫び）

そのカメラの不具合のために、せっかく楽しみにされていた、お子さまの運動会の写真が撮れなかったことを、誠に申し訳なく思っております

これがないといいわけに聞こえる

状況がつかみきれていない場合は、詳細を確認

もう少し詳しく状況を教えていただけませんでしょうか？

パターン1　クレームの場合

こちらの対応策を提示

ご足労をおかけしますが、お買い上げのお店にお持ちいただけますでしょうか？その場でバッテリーを新しい商品と交換させていただきます

パターン2　苦情の場合

不快な思いをさせたことへもひと言お詫び

せっかくお子様の運動会の写真を楽しみにされていたのに、さぞがっかりなさったことと思います。本当に申し訳ございません

今後なにかあった場合には自分宛に連絡をください、と伝える　～相手への満足につながる～

こちらからも、店舗には連絡を入れておきますが、何かございましたら、私□□までご連絡をいただけませんでしょうか

無理な要求をされた場合は代案を提案

お客さま　「迷惑を受けたことの保障として、最新型の商品と交換してもらえませんか？」

責任者　「このたびご迷惑をおかけしたこと、誠に申し訳ございません。ただ、最新型との交換につきましては、社内規定上、お受けいたしかねます。お買い上げいただいた商品と同じものでご了承いただけませんでしょうか」

規定以上の対応をしたほうがよいと判明した場合

「社内の規定によりまして、通常は不具合のあった部品だけの交換をお受けしておりますが、今回はとくにご迷惑をおかけいたしましたので、同じ機種のカメラごと交換ということでご了承いただけませんでしょうか？」

POINT
無理なことはきっぱり断るが、できること（妥協点）を提案する
（クレーマーは、引き際がほしい）

3 待たされた

「待たされた」と感じるとき、相手はとにかく迅速に対応してくれることを望むものです。まずお待たせしたことへのお詫びの気持ちを伝え、その後の対応を具体的に提案しましょう。

待たされた① クレーム

ずいぶん前に注文したのに、いつ届くの？

[1]お待たせしていまして、大変申し訳ございません。ただいま確認しましたところ[2]、本日、明日10時必着で発送いたしました。お急ぎのところ恐縮ですが、あと一日お待ちいただけませんでしょうか？

明日には届くんだね

はい。[3]もし届かないようでしたら、お手数ですがこちらにご連絡いただけますか？

POINT
①待たせたことへのお詫び
②事実関係を説明する
③対応策を提案する

待たされた②　苦情

ずいぶん前に注文したのに、いつまで待たせるの？

[1]お待たせしており、大変申し訳ございません。ご注文後、順次発送しておりますが、[2]一番早くて明後日の午前中のお届けになります。あと一日お待ちいただけませんでしょうか？[3]このたびは、配送日につきましてご心配をおかけして申し訳ございません。今後ともどうぞよろしくお願いいたします。

POINT
①待たせたことへのお詫び
②状況を説明
③迷惑をかけたことへのお詫び

4 応対、態度、マナーが悪い

スタッフの態度が悪いという理由で電話があったときは、お客さまは気分を害していることが多いため、不快な思いをさせてしまったことに対するお詫びの言葉をしっかりと伝えることが大切です。

このたびは、わたくしどものお店をご利用いただきまして、ありがとうございました。せっかくお越しいただきましたのに、わたくしどもの対応が行き届かず、ご不快な思いをおかけして申し訳ございません。応対が悪かったということですが、具体的にはどのようなことがございましたでしょうか？

注文のとき、無愛想だったのよ

[1]注文時に笑顔が足りなかったということでございますね。大変申し訳ございません。ご指摘をいただいたことは、[2]店長やスタッフ全員に伝え、改善できるよう徹底いたします

ちゃんとやっておいてよね

はい、かしこまりました。[3]ご指摘ありがとうございました。またのお越しをお待ちしております

POINT

①お客さまに言われたことを復唱して受けとめる
②改善策を提示
③お電話をいただいたことへお礼を伝える

5 システム上の問題

システム上の問題で、問い合わせがあった場合は、あなたひとりの判断では決められないことも出てきます。お客さまの状況と希望を尋ね、でき得る対応策を提案します。判断が難しいものは、かならず上司に相談しましょう。

頼んだ商品を２週間待つように言われたんだけど、１週間ぐらいでなんとかならないの？

[1]１週間以内にご入用ということですね。大変申し訳ございません。ご注文いただきました順に発送しておりますが、[2]現在どなた様にも２週間ほどお待ちいただいております

なんとか早くならない？

発送状況を確認いたしますので、少々お待ちいただけますでしょうか

お待たせいたしました。[3]お急ぎということでございますので、一番早い発送で８日後になりますがそちらではいかがでしょうか？

じゃあ、そうしてくれる？

お待たせして申し訳ございません。
今後ともよろしくお願いいたします

POINT
①相手の状況を確認する
②こちらのシステム（仕組み）を説明する
③できる範囲での提案をする

6 商品に欠陥がある

商品に欠陥がある場合は、まずお詫びをし、問題点を具体的に聴きます。感情的になっているケースもあるため、相手の言い分をしっかり聴いたうえで対応策を提案しましょう。

先週購入したカメラのバッテリーが壊れていたんだけど！

ご購入いただいたカメラのバッテリーが壊れていたということでございますね。[1]ご不便をおかけして、大変申し訳ございません。[2]恐れ入りますが、カメラの状況をもう少し詳しくお聞かせいただけますか？

先週の日曜日、お宅で買った○○というカメラだけど、フラッシュを使おうとしたら、シャッターが下りないのよ

フラッシュのシャッターがおりないということでございますね。かしこまりました。ご足労をおかけして大変申し訳ございませんが、カメラをお買い上げの店舗までお持ちいただけませんでしょうか？[3]確認させていただきまして、バッテリー交換などの対応をさせていただきます

すぐにやってくれるの！？

早急に対応させていただきます。[3]こちらからも店舗に連絡を入れておきますが、何かございましたら、藤原に伝えてあるとお申し付けいただけますか？

わかったわ

このたびは、ご迷惑をおかけしてしまい、誠に申し訳ございませんでした。
今後ともどうぞよろしくお願い申し上げます

POINT
①お詫びをする
②問題点を具体的に聴く（いつ、どこで購入したのか、どのように具合が悪いのか把握）
③対応策を提示

7 お客さまが勘違いしている

お客さまが勘違いしている場合は、まず事実確認をし、お客さまご自身にミスを気づいていただくようにうながします。焦らず対応し、くれぐれも相手を責めないようにしましょう。

今日届くと言っていたテレビが、届かないんですが

本日お届けする予定のテレビが届かないということですね。申し訳ございませんが、[1]お手元に配送票をお持ちでいらっしゃいませんか？

あるわよ

[2]右上にあります配送予定日が、本日○○日着になっておりますでしょうか

あらごめんなさい。明日だったわ

さようでございますか。[3]明日お届けさせていただきます。このたびはお買い上げいただきましてありがとうございます。今後ともどうぞよろしくお願い申し上げます

POINT

①事実確認をする
②お客さま自身にミスを気づいていただけるようにうながす
③お客さまのミスを責めない

8 期待値に達していなかった ～クーリングオフが適用できる場合～

お客さまがキャンセルや返品を申し出たときには、まず期待にそえなかったことへのお詫びの気持ちを伝えてから、どのように返品（キャンセル）ができるかを説明します。丁寧に対応し、最後に、次につながるひと言を添えると印象がよくなります。

このあいだ、シッカリヤセールを買ったんだけど、使いにくいわ

[1]ご期待に添えなかったということで、申し訳ございません。こちらの商品は返品保証期間内ですので、[2]送料はお客さまのご負担になりますが、消費代金はお返しすることができます。希望なさいますか？

そうしてもらえる？

それでは、商品がこちらに届き次第、ご返金の手続きをいたします。[3]今回は残念でしたが、また機会がございましたら、どうぞよろしくお願いいたします

POINT

①期待値に添えなかったことへのお詫び
②具体的な返送方法の説明をする
③お詫び＋次回へのＰＲ

クーリングオフというのは、返品保証期間のことだよ

9 期待値に達していなかった ～クーリングオフができない場合～

クーリングオフができない場合は、その旨を伝えたうえで、商品のメリットをお話しします。お客さまに気持ちよく電話を切ってもらえるよう、最後には意見をいただいたことに感謝の気持ちを伝えましょう。

届いた商品が、イメージと違っていたんだけど…

[1]イメージと違っていたこと、ご期待に添えず申し訳ございません。ただ、説明書にもありますように商品に欠陥があった場合のみ、返品や交換をお受けしております

返品はできないの？

申し訳ございません。[2]お好みではなかったとのことですが、じつはこの商品の一番の人気色でございます

そうなの？

もう少しお使いいただいて、どうしても気になるということでしたら、またご感想をお聞かせいただけますか？　次回の参考のため、メーカーに報告させていただきます

そうね…使ってみるわ

[3]貴重なご感想を聞かせていただき、ありがとうございました

POINT

①できないことをきちんと伝える
②商品のメリットを説明する（イメージアップ）
③ご意見をいただいたことに感謝の気持ちを伝える

クレーム対応用語集

お詫び	・ご迷惑をおかけいたしまして、大変申し訳ございません ・大変なご不便をおかけいたしまして、お詫びの言葉もございません ・ご不快な思いをおかけしてしまい、大変失礼いたしました	後で誤りを認めたという責任問題にならないよう「迷惑・不便・不快」な思いをさせたことに限定してお詫びをする。
	「○○の間違いがあったとのこと、わたくしどもの確認が不十分でご迷惑をおかけしました」	ミスの事実が判明している場合、そのことを明確にしてお詫びをする
話を聴く	私、担当（責任者）の○○と申します。詳しくお話を伺わせていただけますか？	転送されてきたクレームを、担当者（責任者）として事情を聴く場合
	・さようでございますか… ・ごもっともでございます ・おっしゃる通りでございます ・お気持ちはお察しいたします	相手の言い分を肯定しながら聴くことで、落ち着いてもらえる効果があるあいづちの言葉
	ひとつ、確認させていただきたいのですがよろしいでしょうか？	相手の言い分で、ポイントとなる点や事実を確認したいとき、ひとつという言葉を添えることで、ほかの点は理解していると伝える＝安心感を与える

対応策を伝える	・さっそく、お調べしてお返事申し上げます ・ただちに事情をお調べして、担当の者よりお電話をさせていただきますので、少々お時間をいただけませんでしょうか？ ・さっそく、事情を確認いたしまして、本日中にご報告させていただきます	こちらの対応策を伝えることで話を切り上げる
	ご指摘いただきましたことを社内で徹底いたしまして、二度とこのようなことがないよう十分に指導いたします	最終的なこちら側の対応策を告げて、暗にケースクローズ（決着）を求める表現
締めくくりの挨拶	このたびは、貴重なご意見をありがとうございました	自分たちにも役に立つ指摘を受けた場合のお礼の伝え方
	このたびは、ご期待に添えず本当に申し訳ございませんでした	感情の満足度に関する指摘（代わりのモノが提供できない）を受けた場合のお詫びの仕方
	・二度とこのようなことがないよう、十分に気をつけます ・私○○と申します。今後も何かお気づきの点がございましたら、お手数ですがお知らせいただけますでしょうか？	担当名を名乗り、今後の対応策に責任をもって対応することを告げて、相手の納得や満足度を高める表現
	今度ともどうぞよろしくお願いいたします	問題が解決した場合など、電話の一般的な締めくくり方

クレーム対応時チェックリスト

☑ にチェックしてください

□名乗りの印象は、明るく好感を与えていますか？

□クレームとわかった段階で、表情と声のトーンを状況にあわせて変えていますか？

□最初に「ご迷惑をおかけして、申し訳ございません」のお詫びを伝えていますか？

□相手の話をさえぎらずに、あいづちをうちながら聴いていますか？

□クレームの内容について、必要な５Ｗ２Ｈの情報を収集していますか（客観的事実の把握）？

□相手が何に対してどのように感じているかを感じ取っていますか（主観的事実〈感情〉を把握）？

□聴きおわったら、相手の言い分を復唱して確認しましたか？

□今後、どのように対応するか伝えましたか？

□最後に自分の名前を伝えましたか？

□電話の締めくくりに再度お詫びを伝えましたか？

PART 8

携帯電話、電子メール、ＦＡＸのマナー

1 携帯電話のマナー

携帯電話は、時間や場所を問わず相手と連絡をとりあえる便利なツールですが、それだけマナーが問われるものでもあります。携帯電話は緊急用という位置づけでとらえ、公共マナーや相手に対する気配りを忘れないようにしましょう。

携帯電話の約束事

ビジネスでは固定電話が基本

固定電話

- 自分あるいは相手が社内にいるとき
- 商談など機密性のある話のとき
- 長くなるとき

携帯電話

- 至急に連絡を取りたいとき
- 社外にいるとき
- 移動中のとき

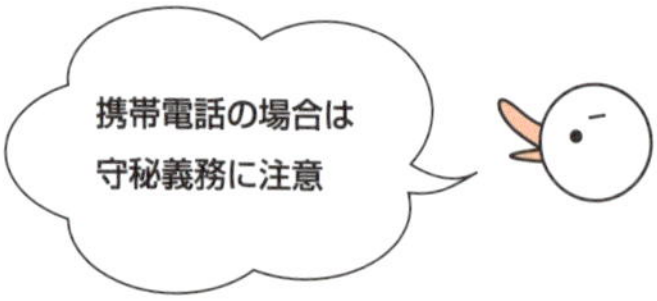
携帯電話の場合は
守秘義務に注意

守秘義務に注意

- 個人情報やメールの内容を知られる可能性がある
- 社名・契約内容などは口にしない

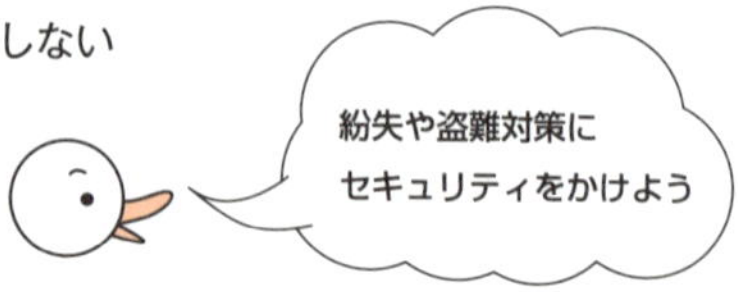
紛失や盗難対策に
セキュリティをかけよう

公共のマナーを守る

オフにする場所

車の運転中・飛行機・病院内・劇場や映画館・美術館など

マナーモードにする場所

会議中・訪問先（場合によってはオフ）・新幹線・優先席以外の電話やバス・レストラン・会社内

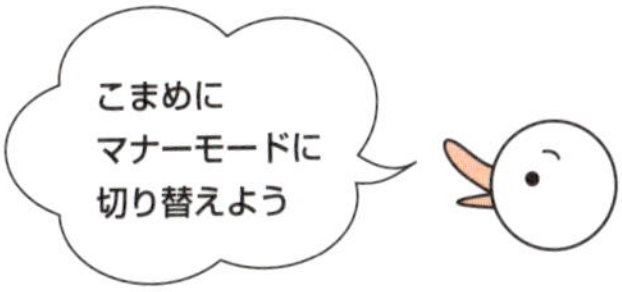
こまめに
マナーモードに
切り替えよう

ビジネスに使用できる仕様にする

着メロ、過剰な装飾はＮＧ

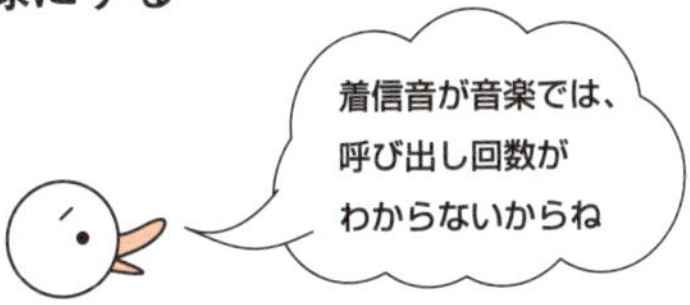
着信音が音楽では、
呼び出し回数が
わからないからね

携帯電話のカメラの使用は相手の許可を得る

非通知でかけない

相手が警戒して
出ないこともあるよ

2 かけるときの注意点

携帯電話で相手先に連絡する際には、固定電話以上に配慮が必要です。

とくに新人のうちは、マナーに対する意識をしっかりもつために、6つの点に気をつけましょう。

かけるときの6つの注意点

1 相手の状況を確認する

相手の場所や状況がわからないので、はじめに不都合がないか確認する

2 大声はNG！

固定電話よりマイクが高性能

3 かけるときはビジネス時間帯にかける

4 静かなところでかける

5 電波のよい場所を選ぶ（新幹線はとくに注意）

6 立ちどまって話をする（電波＆発声）

携帯電話でよく使う表現

普段の言い回し	敬語表現	ポイント
藤村です	**○○製作所の藤村と申します**	会社の電話と 同じように、 社名まで名乗る
○○なんですが	**○○の件でお電話しました**	はじめに 用件をしっかり伝える
今いいですか?	**ただ今よろしいでしょうか?**	了解を得る
休日・早朝・ 夜8時以降	**お休みの日に お電話してしまい、 大変申し訳ございません 朝早くに失礼いたします 夜分に申し訳ございません**	かならずひと言 あいさつしてから
携帯に 電話しちゃって すみません	**外出先にまで お電話をしてしまい、 申し訳ございません。 今、少々よろしいでしょうか?**	はじめにひと言添える
後でかけ直して いいですか?	**恐れ入ります。 ただ今外出先ですので、 30分後にかけ直しても よろしいでしょうか?**	折り返す時間まで伝える

3 留守番電話にメッセージを残す

相手の携帯電話にかける場合、伝言メッセージを残すことが多くなります。

この留守番電話に苦手意識がある人は多いのではないでしょうか。

録音時間が限られているため、つい早口になってしまいますが、落ち着いて話すことが大切です。

ここでは、留守番電話にメッセージを残す際のいくつかのポイントをお話しします。

メッセージを残す際の注意点

1. はっきり
2. ゆっくり
3. 簡潔に
4. しっかり名前を名乗る
5. 最低限の用件は伝える

メッセージ例

〇〇社の星野でございます。
いつもお世話になっております

はっきりと自分の名前を名乗る

３日水曜日の打ち合わせの件ですが、時間を午後４時に変更していただけませんでしょうか？

待ち合わせの日時、場所などはゆっくりはっきりと伝える

お手数をおかけして申し訳ございませんが、ご都合を星野の携帯 090 －△△△△－〇〇〇〇までご連絡ください。どうぞよろしくお願いいたします

・クッション言葉を入れ、丁寧に
・連絡先はゆっくりと伝える

至急の場合

大変申し訳ございませんが、至急ご連絡をいただけませんでしょうか？

急ぎの場合は「急用」と残す

２度目にかけてもつながらなかった場合

何度もお電話を差し上げて申し訳ございません。また午後３時ごろにお電話いたします

次に電話をする時間を伝えておく

4 固定電話、電子メール、ＦＡＸのメリット・デメリット

固定電話、電子メール、ＦＡＸには、それぞれいい面と、そうでない面があります。それぞれのよさを知っておき、コミュニケーションの達人になりましょう。

それぞれのメリット・デメリット

	メリット	デメリット
電話	・手軽で文章を書くなどの準備が不要 ・直接会話できるため、回答を得るのが早い ・相手の感情を把握できる	・相手の状況の確認ができない ・コストがかかる ・耳からだけの情報で聞き違いが発生する可能性がある
電子メール	・相手を拘束しない ・送受信の履歴が残る ・同時に複数の人に送ることが可能（CC & BCC）	・読まれたことの確認がとれない ・簡略になりがちなので、気持ちが伝わりにくい ・送信に遅れが生じる場合もある
FAX	・画像や資料をそのまま送ることができる ・内容が文字として残る ・相手を拘束しない	・電話番号を間違えても気づかない ・多くの人の目に触れる ・大量の資料だと相手の迷惑になる

電子メールのデメリット対策

読まれたかどうかの確認がとれない

緊急性のあるときは電話を併用する。また、件名を具体的に書く。開封が後回しになる可能性があるので、必要に応じて【至急】【重要】と明記

記録として残る

送信前に入力ミスがないか読み返す

簡略になりがちなので、気持ちが伝わりにくい

最初に「お世話になっております。○○社の△△でございます」
最後に「どうぞよろしくお願いします」などの挨拶や言葉づかいに気をつける

サーバーの処理によって、送受信が遅れる場合もある

重要な用件は電話でも確認

パソコンや基本ソフト（OS）によって、文字化けなどで読めないことがある

半角カタカナ、「①」など囲み数字や文字にも要注意。バージョンにも気をつける。相手の状況が不明な場合は「97 － 2004 年形式」で保存したファイルを使用する

よくあるミス

- ファイルの添付し忘れ
- アドレスの間違い
- 確認ミス
- 長すぎる

5 電子メールのマナー

電子メールの基本は、読む人のことを考えて、できるだけ簡潔に、用件のみ伝えるよう心がけましょう。

電子メール 基本の書き方

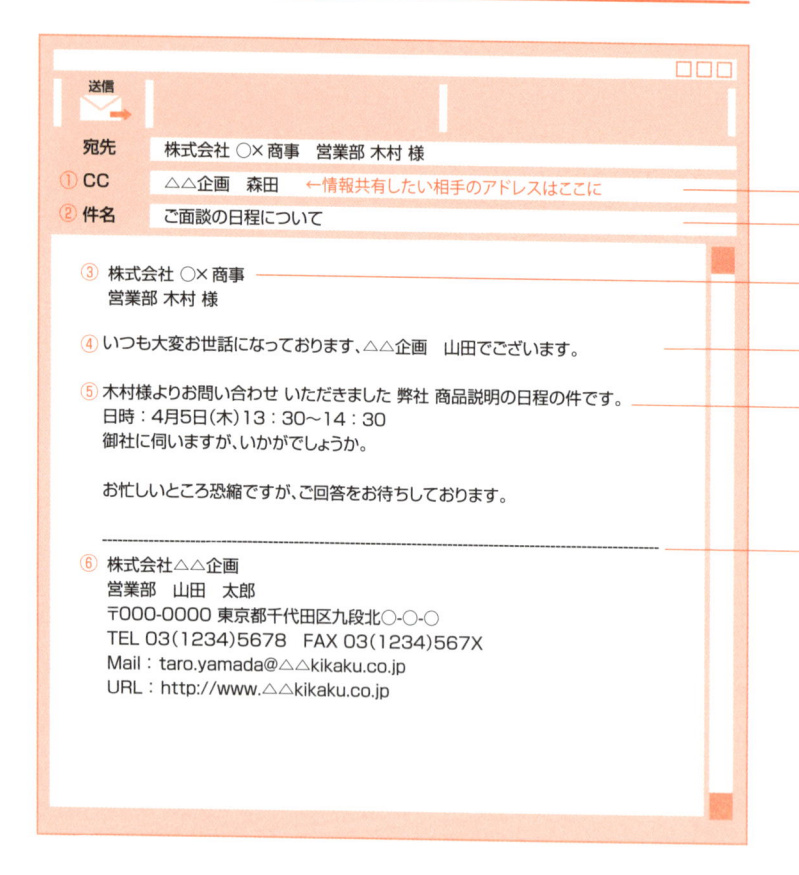

送信

宛先　株式会社 ○× 商事　営業部 木村 様

① CC　△△企画　森田　←情報共有したい相手のアドレスはここに

② 件名　ご面談の日程について

③ 株式会社 ○× 商事
営業部 木村 様

④ いつも大変お世話になっております、△△企画　山田でございます。

⑤ 木村様よりお問い合わせ いただきました 弊社 商品説明の日程の件です。
日時：4月5日(木)13：30〜14：30
御社に伺いますが、いかがでしょうか。

お忙しいところ恐縮ですが、ご回答をお待ちしております。

----

⑥ 株式会社△△企画
営業部　山田　太郎
〒000-0000 東京都千代田区九段北○-○-○
TEL 03(1234)5678　FAX 03(1234)567X
Mail：taro.yamada@△△kikaku.co.jp
URL：http://www.△△kikaku.co.jp

①CC　情報共有したい相手のアドレスはCCへ
（BCCは宛先に通知せず共有したい相手）

②件名　件名は用件の中身がわかるように具体的に

③宛名　個人宛のメールには「○○様」と宛名を書く

④前文　頭語、結語、時候の挨拶は不要

⑤本文　ひとつのメールに用件はひとつ、本文は簡潔に

⑥署名　本文の最後に署名を入れる

6 ＦＡＸのマナー

ＦＡＸは、相手先にも通信費や紙の負担をかけるので、用件はなるべく簡潔にし、受け取り漏れのないよう、送付枚数もしっかり明記しましょう。

FAXのデメリット対策

1 電話番号を間違えても気づかない
送信の前後に相手にメールか電話で確認を入れる

2 誰の目に触れるかわからない
重要書類は送らない

3 小さい文字や薄い画像は読み取れない
小さい文字は拡大したり、文字の濃さを調整してから送る

4 大量の資料だと相手の迷惑になる
受信で相手の機械が使用中になり、用紙を必要とする。10枚以上なら郵送や圧縮データとしてメールで送る方法を考える

FAX　基本の書き方

FAX送信票

①送信日はかならず明記

送信日

○年○月○日

○○株式会社

送信先　○○課　○○○○様　　FAX番号　03-0000-0000

②先方からの連絡用に記載

株式会社○○○○　　TEL番号　03-0000-0000

発信者　○○部　○○○○　　FAX番号　03-0000-0000

本紙を含め、計○枚FAXいたします。

件名　○○の資料送付の件

いつもお世話になっております。

ご依頼いただきました○○の資料をお送りいたします。

ご査収のほど、よろしくお願い申し上げます。

③送信漏れの確認のため

通信枚数　5枚（本紙含む）

④何枚目かを明示

1/5

世界中で違う「もしもし」

世界では、「もしもし」はなんと発音するのでしょうか？

インド「ハロー」
スウェーデン「ハロー」
ドイツ「ハロー」
タイ「ハンロー」
イタリア「ブロント」
ルーマニア「アロー」
メキシコ「ブエノ」
アルゼンチン「オーラ」
中国「ウェイウェイ」
スペイン「デイガメ（呼びかけ）、オイガメ（応答）」
ブラジル「アロー（呼びかけ）、ブロント（応答）」

似ているものもあり、まったく違うものもあり、それぞれに個性的ですね。

海外で電話を使うときには、ぜひ使ってみてください。

「もしもし」の輪を世界に広げましょう

付録

よく使う電話応対フレーズ集

電話を受ける		
名乗り		はい、○○会社でございます
名乗り		お待たせいたしました。○○社でございます
挨拶		いつもお世話になっております
挨拶		○○様、いつもありがとうございます
相手を確認		○○様でいらっしゃいますね
相手を確認		申し訳ございませんが、もう一度お願いできますでしょうか？
取り次ぎを受ける		担当の者と代わりますので、少々お待ちいただけますか？
取り次ぎを受ける	不在	申し訳ございません。あいにく田中は席をはずしておりまして、あと30分ほどで戻る予定でございます。戻り次第、こちらからお電話いたしましょうか？
取り次ぎを受ける		せっかくお電話をいただきましたが、あいにく本日田中は休んでおります。明日は出社予定でございますが、いかがいたしましょうか？
取り次ぎを受ける		おさしつかえなければ、代わってご用件をお伺いいたしましょうか？

伝言を受ける	それでは、念のためお電話番号をお聞かせいただけますでしょうか？
	○○が戻り次第、お電話をさしあげるよう申し伝えます
用件を受ける	お待たせいたしました。私が○○でございます
要点の復唱	それでは、念のため確認いたします
挨拶する	私○○が承りました
	お電話ありがとうございました

電話をかける	
名乗り	私、○○社の△△と申します
挨拶	朝早くから失礼します
	夜分に（業務時間外に）申し訳ございません
	突然のお電話で失礼いたします
	今、よろしいでしょうか？

取り次ぎの依頼	恐れ入りますが、○○担当の△△様はいらっしゃいますか？
用件を告げる	○○の件で、お電話させていただきました
相手が不在	それでは、こちらから改めてお電話いたします
	恐れ入りますが、伝言をお願いできますか？
	お戻りになりましたら、○○の△△までお電話をいただけますでしょうか？
	それでは、電話があったことだけお伝えいただけますか？
	ただいまから外出いたしますので、お手数おかけして申し訳ございませんが私の携帯までご連絡をいただけますでしょうか？
要点の復唱	何か、ご不明の点はございませんでしょうか？
挨拶	お忙しいなか、お時間をいただきましてありがとうございました
	それでは、今後ともどうぞよろしくお願いいたします

クレームに対応する	
お詫び	ご迷惑をおかけいたしまして、大変申し訳ございません
	○○の間違いがあったとのこと、わたくしどもの確認が不十分でご迷惑をおかけしました
話を聴く	私、担当（責任者）の○○と申します。詳しくお話を伺わせていただけますか？
	●さようでございますか…　●おっしゃる通りでございます ●ごもっともでございます　●お気持ちはお察しいたします
対応策を伝える	ただちに事情をお調べして、担当の者よりお電話をさせていただきますので、少々お時間をいただけませんでしょうか？
	さっそく、事情を確認いたしまして、本日中にご報告させていただきます
締めくくりの挨拶	このたびは、貴重なご意見をありがとうございました
	このたびは、ご期待に添えず本当に申し訳ございませんでした
	私○○と申します。今後も何かお気づきの点がございましたら、お手数ですがお知らせいただけますでしょうか？
	今度ともどうぞよろしくお願いいたします

電話応対自己チェックリスト

☑にチェックしてください

受けるとき

- □ベルが鳴ったら、3回以内に出るように心がけていますか？
- □メモとペンを準備していますか？
- □電話に出る前に姿勢を正し、笑顔を意識していますか？
- □明るい声で会社名と名前を名乗っていますか？
- □相手を確認し、「いつもお世話になっております」の挨拶をしていますか？
- □言葉づかいは適切でしたか？
- □用件を復唱確認していますか？
- □名指し人が不在のとき、適切に対応していますか？
- □保留ボタンで長くお待たせしていませんか？
（保留は30秒が限度）
- □相手が切ってから、受話器を置いていますか

かけるとき

- □かけるタイミングについて、相手の都合を考えていますか？
- □相手の電話番号、所属を確認しましたか？
- □用件を5W2Hで整理して、大事な点はメモをしていますか？
- □必要な書類や資料を手元に用意していますか？
- □声のトーンは明るく、聞き取りやすい発音になっていますか？
- □簡潔に、用件を伝えていますか？
- □要点を確認し合いましたか？

□復唱確認を忘れずにしましたか（内容や連絡先など）？

□言葉づかいは適切でしたか？

□締めくくりの挨拶をしましたか？

□フックを押してから、静かに受話器を置いていますか？

クレーム対応

□名乗りの印象は、明るく好感を与えていますか？

□クレームとわかった段階で、表情と声のトーンを状況にあわせて変えていますか？

□最初に「ご迷惑をおかけして、申し訳ございません」のお詫びを伝えていますか？

□相手の話をさえぎらずに、あいづちをうちながら聴いていますか？

□クレームの内容について、必要な５Ｗ２Ｈの情報を収集していますか（客観的事実の把握）？

□相手が何に対してどのように感じているかを感じ取っていますか（主観的事実〈感情〉を把握）？

□聴きおわったら、相手の言い分を復唱して確認しましたか？

□今後、どのように対応するか伝えましたか？

□最後に自分の名前を伝えましたか？

□電話の締めくくりに再度お詫びを伝えましたか？

自己目標達成シート

		/ ～ /
本人記入	目標達成	1. 2.
	達成できた点	
	改善したい点	
	どこに原因があったのか	
	今後の対策	
	コメント	

／　～　／	／　～　／	／　～　／
1. 2.	1. 2.	1. 2.

たくさん活用してね♪

おわりに

最後までお読みいただき、ありがとうございました。
何か、お役に立ちそうなヒントは見つかりましたか？

ただ本を読んで理解したからといって、すぐに職場で活用できるというわけではないということは、みなさんご存じのことと思います。
そこで最後に「知っている」を「できる」レベルにするための方法をご紹介致します。

＜ステップ1＞

「学ぶ」は「真似る」という言葉からきていると言われているように、まず「申し伝えます」「恐れ入りますが」などの基本表現を口に出して繰り返しつぶやいてみてください。
言葉に出すことで、耳が自分の声を聴いて記憶に残りやすくなります。その後、基本の応対の流れを丸暗記するくらいに覚えてしまいましょう。

＜ステップⅡ＞

電話をかけるときや受けるときも、最初なら落ち着いて対応できますから、まず練習した名乗りと挨拶に挑戦してみましょう。第一印象をイメージアップできると、その後の対応にも余裕がでます。緊張する場合は、電話の横に鏡を置くと、自然に笑顔を意識できる効果があります。そして少しずつ他の基本の応対用語にも挑戦してみてください。

＜ステップⅢ＞

取り次ぎや伝言などの基本の応対はもう大丈夫ですね。基本の応対の流れや言葉づかいの理由を理解していると、いろいろな場面でも応用ができるようになりますから、あとは相手の状況に合わせて自分なりの工夫を楽しんでみましょう。電話が鳴るのが楽しみになります。

このステップで、ひとりでも多くの人が電話応対を楽しいと感じてくださることを願っています。

最後に、今回も際限なく広がる私の電話応対のアイデアを的確に誘導しまとめてくださった編集担当の星野友絵さん、また私に電話応対を勉強する機会を与えてくださった、今までに出会ったみなさまにこの書面をお借りしてお礼を申し上げます。
ありがとうございました。

2011 年 10 月　大部美知子

最後まで読んでくれて
どうもありがとう

【著者紹介】

大部　美知子（おおぶ・みちこ）

◉—— ㈱M'sコミュニケーション代表取締役。ビジネスファシリテーター。

◉—— 1975年、東京女子大学短期大学部卒業後、日本航空㈱入社。13年勤めた後、JALアカデミー㈱にて16年、企業向けの接遇指導や、新人からリーダーまで、幅広い層のビジネスコミュニケーション指導に従事する。

◉—— 2004年12月に独立。企業研修は、「受けるとかならず結果が出る」と定評があり、紹介率100%、リピート率95%。現在も口コミのみで、一般企業をはじめ、ホテル、病院、食品、教育関係など、あらゆる業種に向けた研修を行っている。

◉—— 米国NLP協会マスタープラクティショナー、日本交流分析協会インストラクター、ICPコーチングファシリテーター。

㈱M'sコミュニケーション
http://www.mscom.jp

編集協力　星野友絵

ゼロから教《おし》えて電話応対《でんわおうたい》　〈検印廃止〉

2011年10月17日　第1刷発行
2025年 3 月26日　第16刷発行

著　者——大部　美知子©
発行者——齊藤　龍男
発行所——株式会社かんき出版
東京都千代田区麹町4-1-4西脇ビル　〒102-0083
電話　営業部：03(3262)8011㈹
編集部：03(3262)8012㈹
FAX　03(3234)4421　振替　00100-2-62304
https://kanki-pub.co.jp/

印刷所——大日本印刷株式会社

ISBN978-4-7612-6788-9 C0030